OLIVER BANTLE

YOFI

oder

DIE KUNST DES VERZEIHENS

Mit Illustrationen von
Rasha El Sawiy

BLOOMSBURY BERLIN

FSC
Mix
Produktgruppe aus vorbildlich
bewirtschafteten Wäldern und
anderen kontrollierten Herkünften

Zert.-Nr. GFA-COC-1223
www.fsc.org
© 1996 Forest Stewardship Council

Umschlaggestaltung:
Rothfos & Gabler, Hamburg
Typografie: Leslie Driesener, Berlin
Gesetzt aus der Stempel Garamond
durch psb, Berlin
Druck und Bindung: Clausen & Bosse, Leck
Printed in Germany 2007
ISBN 978-3-8270-0714-8

www.berlinverlage.de

Für Clemens

EINS

Es war noch vor Sonnenaufgang. Die Savanne lag still. Yofi wachte auf und war durstig. Der Vollmond schien ihm direkt ins Gesicht.

Der hat mich also geweckt. Ist man hier nie ungestört?

Yofi war müde und mürrisch, denn er hatte zu wenig geschlafen. Bis spät in die Nacht hinein hatte er sich aufgeregt. Wenn er wütend war, schlief er schlecht.

Er war oft wütend.

Der Nashornbulle wollte noch etwas dösen. Vergeblich. Missmutig stand er auf und sah zu, wie es hell wurde. Yofi lebte am Fuße des Hohen Berges, der, wie jeden Morgen, von der Sonne angestrahlt wurde.

Auf dem Gipfel glitzerte Schnee.

Yofi witterte erneut den verhassten Geruch seines Nachbarn und erinnerte sich: Das war der Grund für die nächtliche Wut gewesen. Kurz vor dem Einschlafen hatte er Antros gerochen und überlegt, ob der Feind es wohl wagen würde, über die Grenze zum Wasserloch zu schleichen. Allein bei dem Gedanken war Yofi sauer geworden.

Jetzt erwachte die Savanne: Die Vögel pfiffen, die Grillen sangen, die Affen schrien. In der Ferne brüllte ein Löwe.

Können die nicht alle still sein?

Yofi regte sich jeden Tag über den Lärm auf – und über das Wetter. Heute sah er den blauen Himmel und wurde noch zorniger.

Es will mich schon wieder ärgern!

Das Wetter war jeden Morgen anders, als er sich wünschte. Wenn der Wind wehte, war ihm zu kühl, ohne Wind zu heiß; zogen Wolken am Himmel, war es zu trübe, ohne Wolken zu hell.

Gereizt schleppte er sich zum Wasserloch. Es war beinahe versiegt und nur noch eine Pfütze.

War der Sturschädel doch hier?

Yofi schätzte es nicht, wenn Andere von seinem Wasser tranken. Die meisten Tiere wussten das. Sie näherten sich erst, wenn der Bulle es freigab. Am liebsten hätte er das Loch für sich alleine. Vor Kurzem hatte er einen ganzen Tag lang versucht, alle von der Wasserstelle zu vertreiben: die Gnus, die Antilopen, die Zebras. Dabei war ihm so heiß geworden, dass er viel mehr trinken musste, als die Anderen zusammen getrunken hätten.

An diesem Morgen schlürfte er das Wasser gierig in sich hinein. Kaum erfrischt, spürte er, wie sich Parasiten in seiner Haut festbissen. Ärgerlich zuckte er mit den Falten, um die Insekten zu zerquetschen. Trotzdem wurden es mehr.

Wo bleibt denn Suru?

Das Nashorn hasste, wenn jemand unpünktlich war.

Er hat keinen Respekt mehr vor mir. Sonst wäre er längst aufgetaucht.

Der Kuhreiher Suru kam jeden Morgen zu Besuch. Er fraß sich mit Parasiten voll und meldete die neuesten Nachrichten. Yofi hatte mit dem kleinen weißen Vogel einen Vertrag: Suru durfte so viel fressen, wie er wollte. Dafür lieferte er Aktuelles aus der Savanne. Ohne ihn erfuhr der Bulle nichts mehr. Seit Langem scheuten die anderen Tiere seine Nähe, weil er fast immer schlecht gelaunt war. Wenn man ihn besuchte – früher war das oft der Fall –, brummte er grantig, weil er seine Ruhe wollte. Er freute sich heimlich darüber, dass die Anderen sich fürchteten. Und es wurmte ihn, dass er von fast allen gemieden wurde.

»Zu spät wie immer«, raunte er, als der Kuhreiher angeflogen kam und sich auf den breiten Nashornrücken setzte.

Hier gab es Parasiten in Hülle und Fülle. Darüber hinaus hatte der Vogel eine hervorragende Aussicht. Wortlos pickte er die Leckerbissen aus der Haut. Yofi genoss, wie das Zwicken auf der linken Rückenseite nachließ. Suru schmatzte. Dabei warf er lüsterne Blicke auf weitere Delikatessen, die am Boden warteten: Kröten und Schlangen.

Das Nashorn schnaubte ungeduldig. Normalerweise

konnte der Vogel es nicht abwarten, eitel und selbstgefällig die Neuigkeiten der Savanne auszubreiten.

»Ist im Busch alles in Ordnung?«, fragte Yofi.

Es sollte beiläufig klingen.

»Giraffe verrenkt Hals!«, murmelte Suru kauend.

Er liebte Schlagzeilen.

»Ach ja?«

»Elefanten streiten erneut!«

Gefräßiger Schwätzer, dachte Yofi, den das alles langweilte.

Was interessierte ihn schon, wie Giraffen und Elefanten sich den Tag vertreiben?

»Löwenpaar trennt sich. Immer liegt er faul herum, sagt Frau Löwe.«

»Sehr spannend«, heuchelte Yofi.

In Wahrheit wollte er nur etwas über Antros erfahren, um vorbereitet zu sein, falls er ihm noch einmal begegnen sollte. Das konnte dauern: Obwohl die Reviere aneinandergrenzten, hatten sich die beiden Bullen seit vielen Trockenzeiten nicht mehr gesehen. Nur wenn der Wind von Süden kam, roch Yofi seinen Feind.

Der Vogel wusste genau, wonach der Riese unter ihm lechzte. Er kostete es aus, dass jemand etwas von ihm wollte; dadurch fühlte er sich wichtig. Also ließ er das Nashorn warten und machte sich über die rechte Rückenseite her.

»Affenfrau geht fremd!«

Yofi unterdrückte ein Gähnen.

»Und bei den Nashörnern ist nix los?«

»Oh, entschuldige. Beinah hätte ich das Wichtigste vergessen«, sagte Suru und spreizte die Flügel. »Antros will Hohen Berg besteigen. Morgen. Allein.«

Die Schlagzeile wirkte. Suru spürte unter den Füßen, wie der Bulle schwer atmete. Mit dieser Nachricht hatte er nicht gerechnet.

»Das ist nicht wahr«, zischte er gepresst.

»Meine Quelle ist absolut sicher!«, flötete Suru und flatterte vorsichtshalber nach oben.

Yofi stand eine Weile fassungslos da. Dann brach es aus ihm heraus: »Der Verräter will mich provozieren!«

Schnaubend senkte er den Kopf, stürmte zu einem Strauch und zerfetzte ihn. Der Boden bebte. Eine Krötenfamilie suchte vor Schreck das Weite.

»So! Antros will der Erste im Schnee sein. Das werde ich verhindern!«

Yofi wäre am liebsten weitergerannt, um dem Rivalen das Horn in den Leib zu stoßen.

Der Kuhreiher war zufrieden. Er wusste genau, welche Erinnerung seine Nachricht geweckt hatte. Schließlich war die Geschichte damals eine Sensation:

»Blutiger Kampf der Giganten!«

In der Savanne kam es oft vor, dass zwei hitzige Nashornbullen miteinander stritten. Das alleine hätte Suru nie berichtet. Alle Nashorn-Männchen müssen einmal gegeneinander kämpfen, um zu klären, wer der Stärkere ist. Dass sich aber die beiden dicksten Freunde weit und breit herausforderten – das war der Knüller.

Als Kinder hatten Yofi und Antros, wann immer es möglich war, miteinander gespielt. Gemeinsam hatten sie die Steppe erkundet, gemeinsam in der Suhle gebadet, gemeinsam den tiefen Fluss durchquert. Bei Kraftproben hielten sie immer zusammen. Dann waren beide zu alt, um länger bei ihren Müttern zu bleiben. Fortan zogen die zwei Jungbullen gemeinsam durchs Leben. Jeder war sicher, den besten Kameraden der Welt an seiner Seite zu haben. Ihre Freundschaft besiegelten sie mit einem Schwur: nie gegeneinander anzutreten. Sie wurden erwachsen und feierten gemeinsam, als die Nashornfrau Sara von Yofi ein wundervolles Nashornbaby bekam: Mogo.

Eines Tages löschten Yofi und Antros ihren Durst an einem Fluss, als sie von einer Gazelle erfuhren, dass Sara und Mogo in der Nähe waren. Eine willkommene Gelegenheit für Yofi: Endlich sah er seinen Sohn wieder – vor Freude tobte er den ganzen Tag mit ihm. Am Abend, als der Junge schlief, standen die Erwachsenen noch lange beisammen.

Antros sagte: »Morgen will ich los. Kommst du mit?«

Er brauchte nichts zu erklären. Yofi wusste, worum es

ging: Sein Freund wollte auf den Hohen Berg – seit er ihn das erste Mal gesehen hatte. Damals war Antros noch ziemlich klein. Die Erwachsenen hatten es selbstverständlich verboten. Ein Nashorn, das einen Berg besteigt? Unmöglich! Aber Antros war wie besessen. Er wollte unbedingt wissen, wie sich der weiße Sand anfühlte, der auf der Spitze glitzerte, und sammelte alle Informationen, die er kriegen konnte. Das waren nicht viele. Antros kannte niemanden, der sich so weit auf den Berg getraut hatte. Vor langer Zeit, so hieß es, sei ein Leopard einmal fast ganz oben gewesen. Als er zurückgekommen sei, habe er berichtet, der Schnee sehe zwar warm aus, sei in Wahrheit aber kalt.

»Willst du morgen wirklich auf den Berg?«, fragte Sara.

Antros nickte.

»Toll, dass du nie aufgibst.«

Yofi ärgerte sich bis weit nach Mitternacht. Sara hatte nur seinen Freund bewundert. Offenbar war ihr nicht aufgefallen, dass auch er, der Vater ihres Sohnes, mutig genug war, sich auf den Hohen Berg zu wagen.

Die beiden Nashörner brachen am frühen Morgen auf. Bis zum Mittag wanderten sie still nebeneinander. An einer Steigung wurde der Weg zu schmal für zwei ausgewachsene Bullen. Für Antros war klar, wer vorne laufen würde: er. Es war schon immer *sein* Plan gewesen, auf den Berg zu klettern. Plötzlich stritten sie. Jeder wollte der Anführer sein.

Keiner war bereit, das Hinterteil des Anderen vor sich wackeln zu sehen. Zum ersten Mal im Leben brüllten sie einander an.

Er will nur vor Sara angeben, dachte Yofi.

An diesem Tag brach Antros den Schwur und forderte seinen Freund heraus: »Der Stärkere läuft vorn.«

Die beiden kämpften zwei Tage und zwei Nächte erbittert gegeneinander. Sie waren gleich stark. Doch beide waren zu stolz, um aufzugeben. Bald ging es um weit mehr als darum, wer vorne lief. Sie spürten, dass sie nie wieder gemeinsam etwas entdecken oder junge Elefanten ärgern würden, geschweige, sich ein Geheimnis anvertrauen – egal, wie der Kampf ausging.

Noch während der Schlacht wussten alle in der Savanne davon: Suru hatte das zornige Brüllen der beiden Muskelprotze gehört und war sofort hinaufgeflogen. Es wurden die anstrengendsten Tage und Nächte seines Lebens. Er beobachtete die Widersacher eine Weile. Dann flog er hinunter, um darüber zu berichten. Während er hin und her flatterte, konnte er den Zweikampf nicht verfolgen. Surus größte Angst war, den Ausgang zu verpassen. Aber er hatte Reporterglück: Gerade als er die Steigung wieder erreichte, brachen die beiden Nashörner gleichzeitig zusammen – verletzt und erschöpft. Es gab keinen Sieger und keinen Verlierer. Ihre Gesichter waren lädiert. Yofi blutete stark am Bauch, sein Gegner an der Schulter. Die Tiere lagen

matt am Boden und stierten einander hasserfüllt an. Seit diesem Tag sprachen sie kein einziges Wort mehr miteinander.

Beide ließen sich am Fuße des Hohen Berges nieder. Yofi fühlte sich in der neuen Heimat nie so recht wohl. Er spürte, dass ihm irgendetwas fehlte. Aber er kam nicht dahinter, was.

Hoffentlich bleibe ich nicht mein ganzes Leben hier, dachte er oft.

Freilich kam es für ihn nicht infrage, sich ein neues Revier zu suchen. Diesen Triumph wollte er Antros nicht gönnen.

Der Maulheld wartet ja nur darauf, dass ich abhaue.

Und jetzt das. Antros will alleine auf den Hohen Berg!

Yofi stapfte hin und her. Dabei stellte er sich vor, wie der Nachbar den Pfad nach oben wanderte und hinter einer Biegung verschwand.

»NEIN!«, brüllte Yofi so laut, dass die Antilopen von der Wasserstelle flüchteten. »Das lasse ich nicht zu!«

Empört rannte er zu einem Baum und begann sich ungestüm daran zu kratzen – so stark, dass er sich die Haut aufscheuerte. Er achtete nicht auf den Schmerz.

Wahrscheinlich will er wieder vor Sara prahlen, dachte Yofi und mahlte mit den Zähnen, dass es knirschte.

Etwas entfernt spielten junge Affen. Sie spürten seine

Aufregung. Je wütender er wurde, desto wilder tobten sie zwischen den Ästen eines Baumes, schwangen sich hin und her, schrien, fiepten und schnatterten.

»RUHE, verdammt noch mal!«

Jeder Affenschrei fühlte sich an wie ein Dorn in der Haut. Die Tiere dröhnten weiter.

»Ruhe, ich muss mich konzentrieren!«

Die Äffchen bekamen Angst und kreischten noch lauter. Jetzt verlor er die Beherrschung, scharrte mit den Hufen, senkte den Kopf, stürmte los. Er rammte den Baum, drückte mit ganzer Kraft dagegen. Der Stamm brach entzwei. Die Affen flüchteten. Das Nashorn trat gegen den Baumstumpf, riss ihn mit den Wurzeln aus der Erde und trampelte auf den Resten herum, bis nur Kleinholz übrig blieb. Yofi hielt inne. Erst jetzt bemerkte er, dass seine Nase blutete.

»Alles wegen Antros!«

Grimmig rannte er zum Wasserloch, um sich abzukühlen. Gerade noch sah er, wie der Löwe davonschlich.

Ich dachte, der liegt bloß faul herum.

Yofi ahnte nicht, dass er angelogen worden war. Der Kuhreiher, der ihn von Parasiten befreite, wollte morgen ein Abenteuer inszenieren: Die beiden Nashörner sollten sich genau dort wiederbegegnen, wo der Weg schmal wird. Es gäbe eine Neuauflage des Kampfes – ein herrliches Blutbad! Wieder einmal könnte sich der Vogel mit Exklusiv-Nachrichten brüsten. Im Anschluss an das Gefecht wollte er ein Interview mit dem Sieger führen (»Was werden Sie auf dem Gipfel als Erstes tun?«) und eines mit dem Verlierer (»Wie fühlen Sie sich?«). Dann wollte er schildern, wie Affen, Geparden und Elefanten das Scharmützel bewerten. Für den Tag danach plante der Vogel eine herzergreifende Reportage darüber, wie langsam und schmerzhaft die Wunden des Unterlegenen heilen.

Das Leben hatte anderes vor. Etwas, das sicher eine Schlagzeile wert gewesen wäre: »Löwe frisst Kuhreiher.«

Suru wollte, wie immer, wenn es dämmerte, zu Antros fliegen, dort zu Abend speisen und währenddessen die zweite Ente des Tages präsentieren: »Yofi will Hohen Berg besteigen. Morgen. Allein.« Der Vogel sprang euphorisch von einer Akazie, vergaß aber zu prüfen, ob die Luft rein war. Unter dem Baum lauerte der Löwe. Er wartete, bis der Kuhreiher gelandet war, pirschte sich an, öffnete das Maul – und sprang. Bald darauf war Frau Löwe wieder zur Versöhnung bereit.

Es war dunkel geworden. Yofi grübelte.

Ich muss vor ihm an der Steigung sein.

Er malte sich die Begegnung bis ins Kleinste aus: Erst würde er Antros hämisch begrüßen und dann, ohne seine Reaktion abzuwarten, nach oben steigen. Der Feind hätte nur zwei Möglichkeiten: Entweder er lief hinterher und würde somit akzeptieren, Zweiter zu sein. Oder es gäbe einen neuen Kampf. Das wäre Yofi am liebsten.

Dann zahle ich ihm alles heim!

Ein wenig sorgte er sich um seine Kondition. Vergangene Nacht hatte er kaum geschlafen, weil er wütend war; morgen musste er vor der Dämmerung aufbrechen, um rechtzeitig an der Schneise zu sein.

Antros ist sicher ausgeruht.

Auf einmal hatte Yofi eine Idee. Er wunderte sich, dass er nicht schon früher darauf gekommen war: Er würde das Mondlicht nutzen und bereits in der Nacht losziehen. Vor der Anhöhe wollte er sich auf den Weg legen und dort bis Tagesanbruch schlafen.

Mitten in der Nacht brach der wuchtige Bulle auf. Als er das hohe Gras erreichte, zuckte er zusammen. Einen Moment lang war er überzeugt, das Getrappel eines anderen Tieres gehört zu haben. Irrte er sich? Vorsichtig lief er weiter. Nachdem er das Gras durchquert hatte, ruhte er sich ein wenig aus. Da raschelte es aus einem Dickicht.

Wer ist das? Oder höre ich vor Müdigkeit bereits Gespenster?

Langsam bewegte er sich auf die Büsche zu: nichts. Er atmete erleichtert auf. Nächtliche Begegnungen konnte er jetzt nicht brauchen.

Nun musste er bei jedem Schritt achtgeben – immer öfter lagen Geröllbrocken herum. Plötzlich erstarrte er. Hinter einem Felsblock verschwand eine Silhouette. Ohne Zweifel: der Schatten eines Nashorns.

Antros! Das kann nur Antros sein.

Yofi spannte sich an und versuchte, den Geruch des Feindes zu wittern. Aber der Wind stand ungünstig.

Das feige Aas will mich austricksen.

Yofi war überzeugt, dass sein Kontrahent denselben Plan hatte wie er und den Rest der Nacht vor der Steigung verbringen wollte.

Er zitterte. Heiße Wut floss durch jeden seiner Muskel. Kampfbereit schlich er am Felsen vorbei. Wenige Meter vor sich entdeckte er die Umrisse des Artgenossen. Der hatte offenbar nicht bemerkt, dass er aufgespürt worden war.

Yofi setzte auf Überraschungsangriff und preschte los. Den ersten Schlag wollte er Antros von hinten verpassen. Bevor der reagieren könnte, wäre bereits der zweite platziert.

Das wird ein kurzer Kampf.

Yofi war bereits gefährlich nahe herangekommen – das Nashorn vor ihm hatte keine Chance mehr, zu fliehen. Trotzdem zeigte es keine Unruhe.

Mitten im Galopp schreckte Yofi zusammen: Der Andere war überraschend groß.

Antros ist viel kleiner!

Es war zu spät, um zu bremsen oder auszuweichen. Gleich würde Yofi mit voller Wucht aufprallen. Er kniff die Augen zu.

Der Unbekannte sprang im letzten Augenblick zur Seite. Yofi stolperte ins Leere. Erstaunt sah er, dass der Fremde schon alt war, ein richtiger Greis. Trotzdem bewegte er sich leicht und schnell.

»Alter Knacker, was willst du?«

Das wird ihn einschüchtern.

Keine Reaktion.

»Antworte gefälligst, wenn ich mit dir rede!«

Wieder nichts.

Na warte!

Yofi wusste: Im Alter müssen Nashörner jeden Streit vermeiden, erst recht mit starken Bullen.

Eine Scheinattacke wird reichen.

Erneut nahm er Anlauf. Ein paar Meter vor dem Greis kam er abrupt zum Stehen. Der Alte schwenkte den Kopf im Mondlicht. Yofi sah die ausgefransten Ohren. Zornig stürmte er weiter. Die Hörner krachten und knirschten. Verhakt standen sich die beiden gegenüber. Yofi wollte den Alten wegschieben und drückte mit ganzer Kraft; der Rivale blieb mühelos stehen. Er war erstaunlich stark und wendig. Für einen Moment trafen sich ihre Blicke.

Warum strahlen seine Augen so?

Der Alte lächelte unerschrocken. Schlagartig riss er den Kopf nach unten. Yofi rutschte ab, verlor den Halt, sank auf die Knie.

Das hat noch keiner gewagt!

Was für eine Schmach! Yofi brodelte. Erzürnt warf er sich auf den Fremden. Kurz bevor die Leiber aufeinanderprallten, wandte sich der Greis geschmeidig ab. Yofi schmetterte gegen eine Felswand.

»Niemand macht mich lächerlich«, brüllte er.

»Das machst du schon selbst.«

Jetzt reicht's!

Yofi scharrte mit den Hufen. Er nahm sich vor, den Unbekannten schwer zu verletzen, notfalls zu töten. Aber ehe der kampflustige Bulle etwas begriff, lag er bereits auf dem Rücken. Die Beine streckten in der Luft. Der Bauch bot sich ungeschützt dem Horndolch des Alten dar. Yofi war wie gelähmt. Sein Herz raste vor Angst. Er schloss die Augen.

Er tötet mich!

»Du also bist Yofi.«

Verblüfft sprang er auf. Lag es am Mond oder war die Haut des Alten wirklich heller als zuvor? Jetzt schien sie fast weiß.

»Ich bin Meru«, sagte der Fremde ruhig. »Du bist stark. Aber du bist unbeherrscht. Dein Zorn macht dich blind. Offenbar eine Familienkrankheit.«

»Woher weißt du, wie ich heiße?«

»Das wirst du bald verstehen.«

In Yofi blitzte ein Verdacht auf.

Antros hat ihn geschickt, um mich aufzuhalten.

Er blickte nach hinten. Der Nachbar musste jeden Moment um die Kurve kommen.

Sie werden mich zu zweit angreifen. Der Schwächling traut sich also nicht mehr alleine.

Yofi zuckte am ganzen Körper und stellte sich darauf ein, die Schlacht fortzusetzen.

»Beruhige dich. Ich bin kein Feind«, sagte Meru.

»Das kann jeder behaupten.«

Erneut trafen sich ihre Blicke.

»Gleich wird es Tag. Ich werde jetzt eine Zeit lang schweigen«, sagte der Alte.

Er drehte sich zur aufgehenden Sonne und schloss die Augen. Yofi staunte: Der Greis erwartete offenbar keinen Angriff.

Es wurde hell.

»Was willst du von mir?«, fragte Yofi barsch.

Das betagte Nashorn öffnete die Augen und lächelte. »Ich will dir eine Geschichte erzählen.«

»Eine Geschichte? Du kommst her, attackierst mich, und dann willst du nur schwafeln?«

»*Du* hast angegriffen, ich habe mich verteidigt«, antwortete Meru. »Die Geschichte handelt von einem Nashornjungen. Als er noch klein war, liebte er mehr als alles andere auf der Welt das Wasser. Er mochte es, im Wasserloch zu baden, und spritzte sich begeistert nass. Am liebsten schwamm er genüsslich in einem Fluss, und er war glücklich, wenn es regnete. Denn nur wenn er Wasser auf seiner Haut spürte, fühlte er sich wirklich lebendig.

Eines Tages überlegte er, woher das Wasser kommt.

›Von den Wolken‹, erklärte seine Mutter.

Der Kleine beobachtete die Wolken. Bald liebte er ihre zauberhaften Verwandlungen. Manchmal sahen sie sogar aus wie Nashörner.

›Wo werden die Wolken geboren?‹

›Sie steigen aus dem Meer‹, antwortete die Mutter und erzählte alles, was sie über den Ozean wusste.

›Er ist ein riesiger See. Er hat kein Ende, und sein Wasser schmeckt salzig.‹

Der Junge spitzte die Ohren: So etwas Aufregendes hatte er noch nie gehört. Alles klang voller Wunder und voller Geheimnisse. Von diesem Tag an fühlte er sich immer glücklich und zufrieden, wenn er von dem großen Wasser hörte. Lange dachte er an nichts anderes, und er redete viel davon.

›Ich will ans Meer‹, sagte er oft.

›Das ist nichts für Nashörner, bestenfalls für Elefanten‹, antwortete die Mutter jedes Mal freundlich.

Er ließ sich nicht entmutigen.

›Wenn ich groß bin, wandere ich ans Meer‹, erzählte er überall.

Die Anderen lachten ihn aus.

›Aber ich will ans Meer!‹, beharrte er und streckte beleidigt sein Hörnchen in die Luft.

›Das wollte dein Großvater auch‹, sagte die Mutter.

Und sie fügte traurig hinzu: ›Niemand weiß, was aus ihm geworden ist.‹

Die Großmutter des kleinen Nashorns hatte es bald satt, ständig vom Meer zu hören. Denn davon bekam sie schlechte Laune.

›Du wirst genau so ein Herumtreiber wie dein Großvater‹, schimpfte sie einmal.

Seit diesem Tag wagte der Junge nicht mehr, von dem großen, salzigen See zu sprechen. Nach einiger Zeit fragte er die Anderen heimlich über den Großvater aus – so, dass die Großmutter nichts davon merkte. Der Kleine brachte fast nichts in Erfahrung. Als er etwas größer war, hatte er einen Traum, der sich in vielen Nächten wiederholte: Sein Großvater holte ihn ab und wanderte mit ihm ans Meer. Jedes Mal, wenn er davon träumte, wachte er glücklich auf. Wenn er dann merkte, dass es nur ein Traum gewesen war, wurde er traurig.«

Yofi hatte gebannt zugehört.

»Woher weißt du das?«, knurrte er misstrauisch.

Er kannte die Geschichte gut: *Er* war der kleine Junge, der früher große Sehnsucht nach dem Meer gehabt hatte. *Sein* Herz hatte damals vor Freude gepocht, wenn er irgendetwas darüber erfahren hatte. Manchmal war er sicher, dass die Luft nach Salz roch und die Herde ganz in der Nähe des Ozeans sein musste. Yofi war es auch, der sich nach dem Großvater erkundigt hatte. Doch keiner hatte sich getraut, dessen Namen auszusprechen oder von ihm zu erzählen. Großmutter Mira hatte es verboten. Später hatte Yofi oft vom Großvater geträumt. Aber der war nie gekommen.

»Woher weißt du das alles?«, fragte Yofi noch einmal.

Dann verstand er.

Das habe ich damals alles dem Saftarsch anvertraut.

»Du willst mich reinlegen!«

»Wolltest du nicht auch ans Meer?«

»Das weißt du von Antros!«

»Wolltest du: ja oder nein?«

»Das spielt keine Rolle. Es ist lange her.«

»Große Wünsche haben ihre eigene Zeit«, erwiderte Meru sanft.

»Du weißt wohl immer alles besser. Kommt das mit dem Alter oder warst du schon früher so?«

Meru ignorierte die Bosheit und sagte: »Das Nashorn,

von dem ich dir erzählt habe, war mein Großvater Sasa. Er wurde damals vom Vater seines Vaters abgeholt. Sie sind gemeinsam ans Meer gewandert.«

»Und woher willst du das alles so genau wissen?«

»Sasa hat es mir erzählt.«

»Du hast deinen Großvater gekannt?«, fragte Yofi verwundert.

»Sicher. Er hat mich ans Meer begleitet. Genau, wie ich als junges Tier geträumt habe. Jetzt lass uns gehen. Wir haben einen weiten Weg vor uns.«

»Einen weiten Weg? Wohin?«

Meru schmunzelte.

»Ein wenig schlauer habe ich mir meinen Enkel schon vorgestellt.«

ZWEI

Meru drehte sich um und trabte den Weg zurück. Yofi blieb verwirrt stehen. Erst als der Alte hinter der Biegung verschwand, rannte er hinterher.

»Kannst du beweisen, dass du mein Großvater bist?«

Ein Schnauben war die Antwort.

»Aber das ist längst vorbei«, sagte Yofi.

»Was ist vorbei?«

»Das mit dem Meer! Ein Kinderwunsch, längst begraben.«

»Grab ihn wieder aus.«

Yofi fühlte sich unverstanden.

»Dazu ist es zu spät. Mein Leben ist ganz anders verlaufen, als ich es mir früher vorgestellt habe.«

»Das ist oft so«, gab Meru knapp zurück. »Meistens liegt es an den Vorstellungen.«

»Was geht dich das eigentlich an?«, schnauzte Yofi.

Meru hielt inne und drehte sich dem Enkel zu.

»Mach dir darüber keine Sorgen: Ich entscheide selbst, was mich etwas angeht.«

Yofi fühlte sich getadelt und schwieg. Am hohen Gras erinnerte er sich an Suru. Heute war er nicht darauf erpicht, dem Vogel zu begegnen.

Das wird 'ne prima Schlagzeile: Yofi verliert kampflos.

Meru ging freudig zur Wasserstelle.

»Genau wie früher«, sagte er.

»Wie *früher?*«

»Ich habe lange hier gelebt. Genau an diesem Wasserloch.«

»Das wusste ich nicht.«

»Hätte mich auch gewundert.«

Sie tranken. Mit einer freundlichen Geste lud Meru die anderen Tiere ein, die in sicherer Distanz warteten. Sein Enkel verzog unwillig das Gesicht.

»Im Grunde ist es deine Schuld«, sagte er dann. »Du hättest früher kommen müssen.«

»Wahrscheinlich glaubst du das tatsächlich. Ich bin genau zum richtigen Zeitpunkt da: weder zu früh noch zu spät.«

Yofi hasste, wie selbstsicher der Alte war.

»Dann muss ich dich enttäuschen. Ich will nicht verreisen. Nur um einen See anzuschauen, der ein wenig zu groß geraten ist.«

»Dein Wunsch ist verschwunden?«

»Endlich kapierst du es!«

»Wohin?«

»Keine Ahnung. Weg eben.«

»Vollständig?«

»Ja!«

Meru atmete tief ein.

»Merkwürdig. Das widerspricht allem, was mir über große Wünsche bekannt ist.«

»Man lernt eben immer dazu«, entgegnete Yofi patzig.

Als die Sonne am höchsten stand, legten sich die beiden Tiere zu einem Mittagsschlaf ins Gras. Yofi döste sofort ein. Schließlich war er die ganze Nacht über wach gewesen. Am frühen Abend weckte ihn eine kühle Brise. Er wurde munter, erhob sich und sah, wie Meru am Rande des Sumpfes stand. Yofi wusste kaum etwas über den Sumpf. Nur, dass alte Nashörner sich manchmal dorthin zum Sterben zurückziehen. Der Großvater rieb das Horn einige Male andächtig am Boden. Dann drehte er sich um und stapfte zu seinem Enkel.

»Lass uns ein bisschen spazieren gehen.«

Sie trabten los.

»Wir sollten ein Missverständnis ausräumen«, sagte Meru nach einer Weile. »Du bist frei, genauso zu leben wie bisher.«

Yofi hatte keine Ahnung, worauf der Alte hinauswollte.

»Niemand zwingt dich, mit mir zu gehen.«

»Warum sollte ich auch?«

Meru hielt an. Er schaute ernst.

»Du bist mit deinem Leben also zufrieden?«

Yofi schluckte. Die Frage traf seinen wunden Punkt: Er war seit Langem äußerst unzufrieden und hatte seinen Alltagstrott zutiefst satt.

»Nein«, gab der Bulle leise zurück.

»Das dachte ich mir.«

»Aber ich kann hier nicht einfach so weg.«

»Weshalb nicht?«

Yofi hatte keine Antwort parat. In seinem Hirn arbeitete es. Früher wollte er nie einer von denen sein, die dumpf vor sich hin leben: starr, sicher, frustriert und gelangweilt.

Bin ich wirklich so geworden?

Immerhin hatte er eine stille Hoffnung, die ihn ab und zu tröstete: dass irgendwann einmal alles besser würde. Er wusste nur nicht, wann.

Wenn ich jetzt abschwirre, wäre das der Sieg für Antros.

»Nashörner sind eben nicht zum Wandern geboren«, grummelte Yofi.

»Wer sagt das?«

»Alle.«

»Beeindruckend«, spottete Meru. »Wir reden über den größten Wunsch deines Lebens, und du willst dich danach richten, was *alle* sagen.«

Sie waren an zwei Akazien angekommen.

»Ich werde dich jetzt alleine lassen«, sagte Meru. »Bei Sonnenaufgang bin ich wieder hier. Bitte entscheide dich spätestens morgen früh.«

Yofi trabte lange aufgewühlt durch die Nacht, bevor er zu den Bäumen zurückkehrte und sich hinlegte. Dann ließ er noch einmal alles an sich vorüberziehen: Er war bei Mondlicht aufgebrochen und hatte gegen einen beachtlich starken Bullen im Greisenalter gekämpft. Der behauptete, sein Großvater zu sein, und legte ihm nahe, sein bisheriges Leben hinter sich zu lassen, um ans Meer zu wandern.

Yofi grübelte. Je mehr er nachdachte, desto verwirrter fühlte er sich. Seine Gedanken sprangen wild durcheinander wie eine Herde Zebras auf der Flucht. Einen Moment lang war er sicher, dass er mitgehen würde.

Ade, du langweiliger Trott.

Kurz darauf war er vom Gegenteil überzeugt.

Das ist doch verrückt! Nashörner bleiben in ihrem Revier!

Immer wenn die Zebraherde stehen blieb und friedlich graste, fiel ihm etwas Neues ein. Die Zebras sprangen davon. Die Grübelei begann von vorne.

Als er aufwachte, war es bereits hell. Meru stand neben den Akazien – das Gesicht zur Sonne gedreht, die Augen geschlossen. Wieder hatte Yofi den Eindruck, dass die Haut des Alten weißlich schimmerte.

Sicher wegen der Sonnenstrahlen.

Meru öffnete die Augen.

»Guten Morgen.«

»Guten Morgen.«

»Gewichtige Entscheidungen fallen schwer, nicht wahr?«

Yofi meinte, leichten Spott zu hören.

Nette Aufmunterung, dachte er verärgert.

Sie trotteten zum Wasserloch. Scheu gesellten sich Büffel und Giraffen dazu.

»Ich kann gut nachempfinden, wie du dich fühlst«, sagte Meru. »Mir ging es damals ähnlich.«

»Und dann bist du mit deinem Opa einfach losgezogen.«

Meru lachte. Er sagte: »Nein, so einfach war das nicht. Zum einen hatte ich das Meer vergessen. Erst Großvater Sasa erinnerte mich wieder daran. Zum anderen hatte ich große Angst, einen Fehler zu machen.«

»Er hat dich also überredet.«

»Nein. Ebenso wenig, wie ich das jetzt vorhabe. An dem Morgen, an dem ich mich entscheiden sollte, erzählte er mir eine Geschichte. Willst du sie hören?«

Yofi nickte.

»Jedes Nashorn«, setzte der Alte an, »kommt mit einem

Lebenstraum auf die Welt: einem Herzenswunsch, der größer ist als alle anderen. Das ist der Wunsch, den sich jeder erfüllen möchte, ganz gleich, was das Leben sonst bringt. Freilich kennt ein kleines Nashorn diesen Wunsch noch nicht. Denn erst muss es eine Menge lernen: fressen, laufen, sich gegen Parasiten schützen. Wenn es das alles kann, entdeckt es – oft wie zufällig – etwas, bei dem es sich rundum lebendig fühlt und von Kopf bis zur Hufe freut. Manche spüren das, wenn sie auf Hügel klettern. Andere lieben es, den ganzen Tag zu rennen. Einige sind glücklich, wenn sie laut brüllen. Und manche fühlen sich im Wasser am wohlsten. So war es bei mir – bei dir offenbar auch.«

»*Das* ist der Lebenstraum?«, fragte Yofi.

»Nicht ganz. Aber wir sind ihm auf der Spur. Irgendwann, die Kinder sind oft schon größer, spüren sie eine starke Sehnsucht, die sie vorher nicht gekannt haben. Bei mir war es der dringende Wunsch, ans Meer zu wandern, nachdem ich das erste Mal davon gehört hatte.«

»Das kenne ich«, sagte Yofi.

»Großvater Sasa ging es auch so. Seinem Großvater ebenfalls.«

»Haben Enkel immer denselben Lebenstraum wie ihre Opas?«

»In unserer Familie ist es so, mehr weiß ich nicht. Leider ist es auch eine lange Tradition bei uns, den Herzenswunsch wieder zu vergessen.«

»Warum?«

»Hast du schon einmal von Fabelwesen gehört, die in einer anderen Welt leben?«

Yofi nickte. Seine Mutter Dana hatte ihm früher jeden Abend vor dem Einschlafen ein Märchen erzählt: von fliegenden Nashörnern, von verhexten Nashörnern, von Zwerg-, von Riesen- und von weißen Nashörnern. Manchmal auch von Geschöpfen, die fremd aussahen und sich seltsam benahmen: Elfen, Wichte, Trolle und Dämonen.

»Es gibt Wesen«, holte Meru aus, »die ernähren sich von den großen Herzenswünschen: die Traumschlürfer. Unsere Lebensträume sind ausgesprochen nahrhaft für sie und schmecken ihnen vorzüglich. Oft saugen sie den ganzen Traum aus dem Herzen heraus. Bis auf einen winzigen Tropfen. Den erwischen sie nie, ganz gleich, was passiert. Und das ist gut so. Denn er ist etwas Besonderes: Aus ihm kann der Traum wieder vollständig erwachsen. So wie deine Haut nachwächst, wenn du verletzt bist. Die Schlürfer sind davon überzeugt, dass der letzte Tropfen das Leckerste der ganzen Welt ist. Ob das stimmt, wissen sie nicht: Weil noch keiner von ihnen das edle Elixier jemals getrunken hat. Wie du dir sicher denken kannst, sind sie recht gierig darauf.«

Yofi dachte nach. Früher war es wirklich sein größter Wunsch gewesen, ans Meer zu wandern. Irgendwann war er verschwunden. Der Bulle hatte geglaubt, das sei eben so, wenn man erwachsen wird …

»Das ist ein Märchen, oder?«, fragte er nach einer Weile.

Er wusste die Antwort. Trotzdem fühlte er sich unbehaglich bei dem Gedanken, irgendwelche schlürfenden Wesen könnten in seinem Körper herumkriechen.

»Es gibt auch wahre Märchen«, antwortete Meru.

»Wie sehen denn diese Schlürfer aus?«

»Das ist bei jedem anders. Weil sie ihre Gestalt verändern können, wie es ihnen passt.«

Yofi atmete laut.

»Sogar wenn noch ein Tropfen in mir sein sollte: Ich habe keine Ahnung, wo er steckt.«

Merus Augen glänzten.

»Da kann dir geholfen werden.«

Sein Enkel drehte neugierig den Kopf.

»Jedenfalls konnte Großvater Sasa mir damals helfen. Er stellte mir eine Frage, die mein Leben verändert hat. Er wiederum kannte sie von seinem Großvater.«

»Und wie lautet diese Wunderfrage?«

»Stell dir vor, du stirbst beim nächsten Vollmond. Was willst du vorher auf jeden Fall noch tun?«

Yofi war erstaunt. Das hatte er nicht erwartet.

»*Was* soll ich …?«

»Nimm für einen Augenblick an, dass du bald tot bist.«

Alles in Yofi sträubte sich gegen das Gedankenspiel. Er hatte nicht vor, demnächst zu sterben. Aber es gelang ihm nicht mehr, die Frage abzuschütteln. Er wurde traurig und begann zu zittern. Meru drückte zart den Kopf an seine Seite, um ihn zu beruhigen.

»Das wäre das Schlimmste, was passieren könnte«, sagte Yofi leise.

»Weshalb?«

»Dann hätte ich ja mein ganzes Leben verschwendet.«

»Was müsstest du noch meistern, damit du zufrieden sterben könntest?«, fragte Meru sanft.

Yofi überlegte, wie es wäre, bis zu seinem Tode hier zu bleiben, sich über die Anderen zu ärgern und die Ausdünstungen des Nachbarn zu riechen. Ihm wurde übel.

Nein! Ich muss hier weg!

Der Bulle wusste auf einmal genau, was er wollte – in einer Klarheit, die ihn selbst erstaunte.

»Ich komme mit!«

Ein seltsames Gefühl durchrieselte ihn, während er sich sprechen hörte. Er empfand sich ungewohnt leicht. Einen Augenblick lang wurde ihm schwindlig. Dann spürte er eine Wärme in seiner Brust und fühlte sich am ganzen Körper lebendig. Antros und der Streit waren weit weg. Viel weiter, als das Meer je sein konnte.

Meru lächelte und erinnerte sich daran, wie er damals seine Wahl getroffen hatte. Er war überzeugt gewesen, nie an den Hohen Berg zurückzukehren.

Jetzt bin ich also doch wieder hier. So spielt das Leben.

»Ich will mich aber noch von meinem Sohn verabschieden. Und von seiner Mutter«, sagte Yofi dann.

»Das kommt mir entgegen. Soweit ich weiß, sind sie derzeit an der Grotte.«

Yofi staunte, sagte aber nichts. Sie fanden die kleine Nashorngruppe an der Höhle, die ins Innere des Hohen Berges führte. Yofi roch Sara schon von Weitem. Liebevoll beschnupperten sie sich.

»Ich werde mit meinem Großvater ans Meer wandern.«

»Endlich«, sagte Sara.

Yofi war verblüfft.

Ist sie etwa froh, wenn ich weg bin?

»Wieso *endlich*?«

»Weil du ein mürrischer Eigenbrötler geworden bist.«

»Du freust dich also, dass ich fortgehe?«

»Nein, das macht mich traurig. Aber ich weiß, dass das Meer dir einmal das Wichtigste auf der Welt war. Als Kind hast du von nichts anderem gesprochen. Auch mir hast du ständig davon erzählt.«

»Daran erinnerst du dich?«

»Sicher. Irgendwann hast du das Meer offenbar vergessen. Wo ist dein Großvater eigentlich?«

Yofi drehte sich um. Meru war verschwunden.

»Keine Ahnung.«

»Gestern hat mich übrigens Antros besucht und sich nach dir erkundigt. Ihr sprecht ja immer noch nicht miteinander.«

»Wahrscheinlich hat er sich damit aufgeblasen, dass er *alleine* auf den Hohen Berg klettert.«

»Es gibt keinen Grund für Eifersucht«, lächelte Sara. »Außerdem habe ich erst kürzlich mit ihm darüber gesprochen: Vor der nächsten Trockenzeit will er unter keinen Umständen hoch.«

Yofi dachte gerade darüber nach, ob der Kuhreiher etwas Falsches berichtet haben könnte, als Mogo angestürmt kam. Er war schon wieder größer geworden.

Wie immer, wenn sie sich trafen, zogen sie sich zu einem Spiel zurück, das sie »Vater und Sohn« nannten. Abgeschieden von den Anderen legten sie sich neben einen Busch. Dann durfte Mogo so viele Fragen stellen, wie ihm einfielen. Heute wollte der Kleine über Bäume sprechen.

»Warum können Bäume nicht laufen?«

»Weil sie keine Hufe haben.«

»Warum haben sie keine Hufe?«

»Sie haben Wurzeln.«

»Warum haben sie Wurzeln?«

»Um Nahrung aus der Erde zu trinken.«

»Warum haben Nashörner keine Wurzeln?«

»Weil sie Hufe haben.«

»Warum haben sie Hufe?«

»Damit sie laufen können.«

Es ging darum, Yofi so weit zu bringen, dass ihm keine

sinnvolle Antwort mehr einfiel. Die Spiele wurden immer kürzer.

Irgendwann merkt er, dass auch ein Vater nicht alles weiß.

Yofi wurde traurig, weil er das schönste Kind der Welt für lange Zeit nicht mehr sehen würde. Vielleicht sogar für immer. Trotzdem spürte er: Es war richtig, aufzubrechen.

»Ich bin stolz, dass du mein Sohn bist – ganz gleich, wo ich mich befinde. Vergiss es nie: Ich hab dich lieb«, sagte er mit leiser Stimme.

»Ich dich auch«, flüsterte Mogo.

Zum Abschied drückten Vater und Sohn die Köpfe aneinander. Dann spurtete der Kleine davon. Er hatte noch eine Verabredung. Mit wem, wollte er nicht verraten.

Sein Vater blickte wehmütig hinterher und überlegte, was aus dem Jungen einmal werden würde.

Er hat keinen Großvater mehr, der ihn abholt.

Yofi war noch sehr klein, als sein Vater starb. Die Wilderer hatten das große Horn einfach aus dem Schädel gerissen und waren weitergezogen. Wo der Vater ermordet worden war, hatte Yofi nie erfahren.

Meru tauchte hinter einem Gebüsch auf, daneben stolzierte Großmutter Mira. Beide lächelten.

»Du bist aber groß geworden«, sagte sie freundlich.

Yofi war verwundert. So entspannt hatte er die alte Mira noch nie erlebt.

Früher hat sie den Großvater immer einen Herumtreiber genannt.

Sie zwinkerte, drehte sich Meru zu und sagte: »Pass gut auf euch beide auf.«

»Bis bald«, antwortete er.

Die erste Zeit marschierten Großvater und Enkel schweigend nebeneinander. Yofis Gedanken kreisten immer wieder um die Geschichte mit den bizarren Fabelwesen.

»Warum erwischen die Traumschlürfer den letzten Tropfen eigentlich nie?«, fragte er, als sie Rast einlegten.

»Weil er an einem sicheren Ort verborgen ist«, antwortete Meru.

»Wo?«

»Im Inneren des Nashornherzens.«

DREI

In der ersten Nacht der Reise träumte Yofi, dass ein riesiges Maul das Meer ausschlürfte. Als er aufwachte, stand der Alte vor ihm – zur Sonne gedreht, mit geschlossenen Augen.

»Was machst du da?«

Meru strahlte, als hätte er diese Frage erwartet.

»Ich bereite mich vor.«

»Auf was?«

»Auf den wichtigsten Tag meines Lebens.«

Yofi glaubte, sich verhört zu haben.

»Und wann kommt dieser Tag?«

»Er ist bereits da: heute.«

Yofi hatte einen Moment lang den Eindruck, Meru mache sich über ihn lustig. Aber der Großvater verzog keine Miene.

»*Heute* ist der wichtigste Tag deines Lebens?«

»Deines ebenso.«

»Nett, dass ich das auch erfahre«, knurrte Yofi. »Und woher weißt du das so genau?«

»Von Großvater Sasa«, antwortete Meru ungerührt.

»Das wird ja immer besser. Dein Großvater kannte mich doch gar nicht! Bestimmt ist er schon lange tot. Trotzdem will er gewusst haben, wie wichtig der heutige Tag für mich ist?«

»Er war eben sehr weise. Jedenfalls gegen Ende seines Lebens.«

Der hat sie nicht mehr alle.

Yofi hatte schon öfter mit Alten gesprochen. Aber keiner war so schrullig gewesen.

»Da bin ich aber gespannt auf heute.«

»Ich auch«, sagte der Großvater.

Obwohl es ihm absurd vorkam, wartete der Enkel den ganzen Tag darauf, dass etwas Außergewöhnliches passierte. Am Abend fühlte er sich bestätigt – und war enttäuscht.

Der Alte ist ein Spinner.

»Das ging wohl daneben«, sagte Yofi, als sie sich schlafen legten.

»Was meinst du?«

»Dein Blabla vom *wichtigsten Tag meines Lebens.*«

»Wieso? Es hat doch alles fabelhaft geklappt.«

Er ist sogar ein ziemlich großer Spinner.

Am nächsten Morgen gab sich Meru wieder der Sonne hin.

Am besten, ich schweige darüber, dachte Yofi.

Er fraß leckeres Gras, als wäre nichts.

»Es ist immer wieder eine Wohltat, gut vorbereitet zu sein«, sagte Meru.

Er will es nicht anders.

»Nur um sicherzugehen, dass ich alles richtig verstanden habe: Du hast also bemerkt, dass dein Großvater sich um einen Tag verrechnet hat.«

»Gestern war gestern der wichtigste Tag. Heute ist es heute«, antwortete Meru.

»Und morgen dann schon wieder«, platzte Yofi heraus.

»Morgen ist morgen der wichtigste Tag, genau. Du lernst schnell.«

Yofi hörte auf zu kauen.

»Dann ist also *jeder* Tag der wichtigste in deinem Leben?«, fragte er höhnisch.

»So kann man es sehen. Aber heute interessiert mich nur heute.«

»Und über morgen denkst du erst gar nicht nach.«

»Wie kann ich über etwas *nach*denken, das noch *vor* mir liegt?«, fragte Meru grinsend.

Yofi setzte gerade zu einer gehässigen Antwort an.

»Keine Sorge«, kam der Alte ihm zuvor. »Ich weiß, was du meinst: Mit morgen beschäftige ich mich ausführlich, wenn es so weit ist.«

Am nächsten Tag rasteten sie unter einem Affenbrotbaum.

»Kennst du den Weg eigentlich gut?«, fragte der Enkel.

»Meinen schon. Deinen findest du sicher auch.«

Yofi stutzte.

»Was heißt denn das schon wieder?«

»Bisher machst du das ausgezeichnet.«

»Klar, ich bin neben dir gelaufen.«

»Deinen Weg kennst alleine du. Ich begleite dich nur.«

Yofi senkte den Kopf.

Der will mich wohl verarschen!

Aber der Großvater machte ein ernstes Gesicht.

»Es ist *dein* Wunsch. Deshalb musst *du* den Weg finden.«

»Ich war doch aber noch nie am Ozean …«

»Na und?«

»Willst du damit etwa sagen, dass *ich* den Weg bis hierher bestimmt habe?«

»Schön, dass es kluge Nashörner gibt«, antwortete Meru mit sanftem Spott.

»Seit wann?«

»Seit wir aufgebrochen sind.«

»So ein Stuss!«

Yofi kochte vor Wut. Er dachte an die Strecke, die sie

bereits zurückgelegt hatten, und verspürte große Lust, auf der Stelle umzukehren. Aber zu Hause am Hohen Berg erwartete ihn nur ein stumpfsinniges Leben – und vor allem der widerliche Antros.

»Stimmt denn wenigstens die Richtung?«, fragte der Enkel unwirsch.

»Mit dem Meer ist es wunderbar: Alle Wege führen dorthin. Früher oder später.«

Yofi schnaufte.

»Und welches ist der kürzeste?«

Der Großvater stupste ihn liebevoll.

»Es geht um den *richtigen* Weg, nicht um den schnellsten.«

»Und welches ist der *richtige*?«, fragte Yofi entnervt.

»Der eigene natürlich.«

»Aha. Und wie, bitte schön, finde ich meinen *eigenen* Weg?«

»Indem du ihn gehst. Vorher gibt es ihn ja nicht. Was zieht dich im Moment am stärksten an?«

Yofi verstand den Sinn der Frage nicht.

»Hä?«

»Schau dich um und entscheide, was dir am besten gefällt.«

»Sie«, raunte der junge Bulle und richtete sein Horn auf die orange Nachmittagssonne.

»Dann folge deinem ersten Impuls.«

Mit einem Kopfnicken forderte Meru den Enkel auf, sich in Bewegung zu setzen.

»Ist der erste Einfall immer richtig?«, fragte Yofi am Abend.

»Meistens.«

»Warum?«

»Weil er aus dem Herzen kommt.«

»Na und?«

»Das Herz weiß sofort, was richtig für dich ist. Viel schneller als der Kopf. Das größte Unglück in meinem Leben ist immer dann passiert, wenn ich mein Herz übergangen habe.«

»Wie denn das?«, fragte Yofi.

Er war hellhörig geworden.

»Ich habe zugelassen, dass der Kopf die Entscheidungen meines Herzens kaputt gedacht hat. Ich habe gegrübelt und gegrübelt. Bis ich vergessen hatte, was ich ursprünglich wollte. Meine Gedanken haben gedacht, *sie* seien das Wichtigste auf der Welt. Sie haben sich gewaltig überschätzt. Und ich sie auch.«

»*Überschätzt?*«

»Gedanken sind dafür da, dem Herzen den Weg zu bahnen. Nicht, um die Richtung zu bestimmen.«

Der Großvater gähnte und steckte den Enkel damit an. Bald darauf schliefen sie ein.

»Was machst du da eigentlich, wenn du dich vorbereitest?«, fragte Yofi am nächsten Morgen neugierig.

»Nichts Aufregendes: Ich besinne mich.«

Davon hatte Yofi schon einmal gehört. Die alte Mira zog sich von Zeit zu Zeit zurück, um sich zu besinnen. Nur wusste er nie, was sie damit meinte.

»Am besten, du probierst es selbst. Das leuchtet stärker ein als jede Erklärung. Mach die Augen zu.«

Yofi schloss die Augen.

»Achte auf das, was in dir vorgeht.«

Er hob die Lider.

»Was soll denn schon in mir vorgehen?«

Meru schnaufte laut.

»Eben das sollst du herausfinden! Du bist ja genau so ein zäher Brocken, wie ich einmal war. Lass es uns noch mal versuchen.«

»Vergiss es«, antwortete Yofi und zottelte davon.

Sie durchschritten ein weites Grasland. Gegen Mittag wurden die Schritte des Großvaters bedächtiger. Irgendwann blieb er stehen.

»Lass uns hier innehalten.«

Wieso denn? Das ist doch kein Rastplatz.

Als könne er Gedanken lesen, fuhr der Alte fort: »Auch wenn es nicht schattig ist.«

Auf einmal verstummten die Zikaden und die Kröten. Es wurde still. Yofi wusste nicht, was das zu bedeuten hatte, spürte aber, dass etwas Außergewöhnliches in der Luft lag. Meru rieb das Horn auf der Erde und weinte.

»Bitte stell dich neben mich«, sagte er leise.

Die traurige Stimmung ergriff nun auch den Enkel. Langsam lief er zum Großvater, der seinen Kopf hin und her schwenkte.

»Alles auf dieser Welt verändert sich. Nichts bleibt, wie es war. Alles ist immer schon so, wie es wird«, predigte Meru feierlich. »Hier wurde mein Sohn getötet.«

Es dauerte eine Weile, bis Yofi wirklich begriff, wo sie standen. Er zitterte und fing ebenfalls an zu weinen.

Papa ist also auch gewandert …

Yofi schluchzte. Er spürte wieder, wie sehr er seinen Vater früher vermisst hatte.

»Es steht mir nicht zu, mich in die Pläne des Lebens einzumischen«, sagte Meru mit gedämpfter Stimme, als spräche er mit sich selbst. »Aber Eltern sollten vor ihren Kindern sterben dürfen.«

Sie verweilten noch lange und schwiegen. Es war längst dunkel, als sie einen Schlafplatz suchten.

»Hat mein Vater sich morgens auch besonnen?«, flüsterte Yofi in die Stille.

»Ja, das hat er«, antwortete Meru. »Aber lange Zeit fiel es ihm sehr schwer.«

Am nächsten Morgen war Yofi zuerst wach. Es dämmerte. Hastig rappelte er sich auf, entfernte sich ein wenig von der Schlafstelle, postierte sich im hohen Gras und schloss die Augen. Kurz darauf öffnete er sie wieder: nichts. Es war rein gar nichts passiert.

Was soll denn daran gut sein?

»Schlecht geschlafen?«, hörte er Meru fragen.

»Ich will mich besinnen. Es klappt nicht.«

»Woran hast du dabei gedacht?«

»An nichts.«

»Dann hat es geklappt«, sagte Meru mit freundlicher Ironie.

Yofi fühlte sich wieder einmal nicht ernst genommen.

Der Alte stellte sich neben ihn und sagte: »Zu zweit macht es manchmal mehr Freude. Schließ einfach die Augen und atme.«

Yofi senkte die Lider und wartete. Wieder nichts. Er blinzelte, sah, dass Meru bereits versunken war, und machte die Augen ein drittes Mal zu. Da hörte er die Kröten.

Verdammte Kacke!

Er versuchte sie zu ignorieren. Die Kröten schienen das zu merken und quakten lauter.

Die machen alles kaputt!

Meru ließ sich offenbar nicht stören.

»Es hat wieder nicht geklappt«, beschwerte sich Yofi, nachdem der Großvater das Ritual beendet hatte. »Die Kröten waren zu laut.«

»Wunderbar, du machst Fortschritte.«

Der Enkel zog eine Schnute.

»Du hast die Kröten gehört, das ist exzellent«, sagte Meru.

»Ohne sie hätte ich es geschafft.«

»Vielleicht.«

Yofi fühlte sich angegriffen.

»Willst du damit sagen, dass ich unfähig bin, egal wie still es ist?«

»Wenn ich *das* meine, dann sage ich es auch«, antwortete Meru. »Die Kröten quaken in dieser Gegend immer. Sogar nachts. Sie sind dir aber erst aufgefallen, als du dich besonnen hast.«

»Und was hätte ich deiner Meinung nach tun sollen?«

Yofi war noch immer verärgert.

»Du hast das Beste daraus gemacht: auf sie geachtet. Wenn du willst, üben wir morgen weiter.«

Sie trappelten durch die offene Savanne. Yofi blieb manchmal stehen, um herauszufinden, wohin er wollte. Er musste sich erst daran gewöhnen, die Richtung zu bestimmen.

»Vertraue einfach darauf, dass das Leben dich führt.«

Yofi tat so, als habe er den Großvater nicht gehört.

Alte Nashörner können mit ihrer Weisheit ganz schön nerven.

Gegen Mittag erreichten sie einen Fluss. Während Yofi noch seinen Durst löschte, wälzte sich Meru bereits im Wasser.

»Komm!«, rief er.

Yofi blickte skeptisch. Er hatte lange nicht mehr gebadet. Auch nicht während der Regenzeit.

Kinderkram.

Meru prustete vor Freude.

»Das war einmal deine Lieblingsbeschäftigung. Irre ich mich?«

»Als ich klein war.«

»Das hört sich sehr erwachsen an.«

»Na und?«

»Baden ist gut für Haut und Seele – in jedem Alter«, sagte der Großvater.

»Das könnte von meiner Mutter sein.«

»Daran merkt man, wie klug sie ist.«

Yofi hatte kein Interesse an dem Gespräch. Meru grunzte behaglich.

»Sei weniger streng mit dir und gönn dir etwas Spaß.«

»Danke, ich verzichte.«

»Das habe ich leider auch lange getan.«

»Ach ja?«

»Fast alle Nashörner verzichten irgendwann einmal auf das, was ihnen guttut. Merkwürdigerweise halten sie das für einen Ausdruck von Reife.«

»Und wann glaubst *du*, dass jemand reif ist?«, raunzte Yofi.

»Wenn er sich etwas gönnt, obwohl es der Großvater empfiehlt«, antwortete der Alte verschmitzt.

Mit einem kräftigen Schwung stand er auf und stampfte zu seinem Enkel.

»Dann zwinge ich dich eben zum Glück.«

Er drückte Yofi in die Seite, bis beide gemeinsam in den Fluss kippten. Yofi spannte sich an, als könnte er so verhindern, nass zu werden. Gerne wäre er wütend geworden – es klappte nicht. Das kühle Nass floss um seine Haut. Diese Wonne hatte er beinahe vergessen. Als er fast völlig mit Wasser bedeckt war, entspannte er sich.

»Ist das Meer auch so kühl?«, jauchzte er.

»Wenn man taucht, sogar noch kühler.«

Meru strahlte. In seinem Enkel erwachte langsam wieder die Freude, sich lebendig zu fühlen. Das würde die Reise erleichtern.

Sie nahmen ein Schlammbad. Kleine Sumpfschildkröten

paddelten heran und fraßen die Zecken, die sich in der Nashornhaut festgesetzt hatten. Später suhlten sich Großvater und Enkel im Matsch, bis sie überall braun waren. Danach wälzten sie sich behaglich im Sand.

In der Nacht träumte Yofi erneut vom Ozean. Die Wellen blinkten in der Sonne, als würden sie miteinander tanzen. Sie wurden immer größer und trieben zum Ufer. Erst kurz vor dem Strand brachen sie, wurden kleiner und verebbten. Yofi tapste vorsichtig ins Wasser, das wärmer war, als er angenommen hatte. Bald umspülten Wellen seinen Bauch, dann seinen Hals.

Glücklich blickte das Nashorn auf den Grund. Hier lebten Tiere, die es noch nie gesehen hatte. Plötzlich schwamm ein bunter Fisch vorbei und grinste: Er hatte das Gesicht des Großvaters. Yofi musste lachen und wachte davon auf. Er brauchte eine Weile, bis er wieder wusste, wo er war.

Meru atmete gleichmäßig an seiner Seite.

Am nächsten Morgen war Yofi sicher, dass die Kröten noch lauter quakten. So konnte er sich nicht besinnen! Kaum hatte er sich zur Sonne gedreht, erreichte seine Laune den Tiefpunkt.

Dämliche Krachkröten.

»Was soll der Blödsinn überhaupt?«

»*Blödsinn?*«

»Das alberne Herumstehen in der Früh. Das ist doch nur für Weichhörner.«

Meru schnaubte: »Mein lieber Enkel. Du *musst* dich nicht auf den Tag vorbereiten.«

»Na also ...«

»Nach meiner Erfahrung hört man die innere Stimme bei der Besinnung wesentlich klarer – die Stimme, die den eigenen Weg weist.«

Der Tag war besonders heiß. Nachdem sie lange gelaufen waren, machten sie einen ausgiebigen Mittagsschlaf.

»Und was ist mit den beknackten Kröten?«, motzte Yofi, als sie wieder wach waren.

»Sie sind deine Lehrmeister.«

»Was können *die* mir schon beibringen?«

»Sie erinnern dich an das, was du auf dieser Welt alles *nicht* ändern kannst: das meiste.«

»Hä?«

»Befiel ihnen doch, still zu sein. Vermutlich hast du damit so viel Erfolg wie dabei, dem Wind vorzuschreiben, wie er zu wehen hat.«

»Und was fange ich mit einer derart genialen Erkenntnis an?«

»Wenn du klug bist, konzentrierst du dich auf das, was du ändern kannst. Es ist mühsam, gegen etwas anzukämpfen, auf das man keinen Einfluss hat.«

»Soll ich den Kröten etwa noch dankbar sein?«

»Ich glaube, so weit bist du noch nicht«, antwortete Meru freundlich.

Die Landschaft wurde karger, das Gras niedrig und trocken, die Sträucher dornig. Yofi bekam davon fast nichts mit: Er war voll und ganz mit sich beschäftigt. Die erste Zeit der Wanderung hatte er nur selten an den ehemaligen Nachbarn gedacht. Heute aber, während sie durch die Buschsavanne trabten, drehten sich seine Gedanken fast nur noch um Antros.

Sicher war er längst auf dem Hohen Berg. Der Besuch bei Sara war sowieso nur ein Bluff.

Yofi wurde immer gereizter. Wäre sein Feind in der Nähe gewesen, hätte er ihm die Spitze des großen Horns in den Bauch gerammt.

Der Protzbrocken herrscht jetzt sicher über mein Wasserloch!

»Was denkst du?«, fragte Meru.

»Nichts Besonderes.«

»Dafür brodelt es aber ganz schön in dir.«

»Woher willst DU wissen, was in mir los ist?«

»Das fühle ich.«

Am Nachmittag war Yofi immer noch griesgrämig.

»Lass uns endlich den kürzesten Weg nehmen.«

»Das halte ich für keine gute Idee.«

»Ach, und weshalb nicht?«

»Du wirst es nicht gerne hören: Wir brauchen noch Zeit, um deine Heilung in Fluss zu bringen. Das Meer läuft nicht weg.«

Yofi war wie vom Donner gerührt.

»Meine *was*?«

»Deine Heilung«, wiederholte Meru.

Yofi war fassungslos.

»Willst du damit sagen, dass ich *krank* bin?«, brüllte er.

Für einen Moment schwiegen die Kröten tatsächlich.

»Eher verletzt.«

»*Verletzt?*«, höhnte Yofi. »WER hat mich *verletzt*?«

»Du«, sagte Meru. »Du verwundest dich selbst immerfort.«

»Ich?«

»Niemand sonst.«

Das lass ich mir nicht bieten!

Empört rannte Yofi davon.

Als die Dämmerung hereinbrach, hatte er sich ein wenig abgeregt und wartete an der Seite eines Termitenhügels. Doch als der Großvater dort eintraf, begann der Enkel erneut zu maulen.

»Wäre ich bloß am Hohen Berg geblieben.«

»Du kannst jederzeit zurück«, sagte Meru sanft. »Allerdings fände ich das schade.«

»Ach, weil du mich dann nicht *heilen* kannst?«

»Weil ich dir meine Erfahrung gerne schenke. Obwohl es anstrengender ist, als ich es mir vorgestellt habe.«

»Oh, wie gütig.«

Meru ließ sich nicht provozieren.

»In erster Linie erweise ich damit *mir* einen Gefallen: Für mich schließt sich ein Kreis. Ich gebe dir weiter, was ich von Großvater Sasa bekommen und selbst erfahren habe.«

»Hauptsache, ich bin schön brav«, spottete Yofi.

In dieser Nacht war er so aufgewühlt wie selten. Lange fand er keinen Schlaf.

So kann es nicht weitergehen!

»Wo laufen wir heute entlang?«, fragte Meru am nächsten Morgen.

»Ich muss mit dir reden«, antwortete Yofi.

»Am besten unterwegs.«

»Nein! *Bevor* ich weitergehe.«

Der Alte horchte auf.

»Das hört sich dringend an.«

Yofi atmete tief ein. Obwohl er seine Worte in der Nacht unzählige Male durchdacht und zurechtgelegt hatte, fiel es ihm jetzt schwer, sie auszusprechen.

»Es ist ..., wenn du etwas erklärst ...«, begann er zögernd.

Meru lauschte interessiert.

»... ich fühle mich belehrt ... Das gefällt mir nicht.«

Der Großvater runzelte die Stirn.

»Mir ist klar, dass du sehr viel weißt und ziemlich erfahren bist. Aber ich hasse es, wenn mich einer von oben herab behandelt.«

»Von oben herab ...?«

»Es klingt immer so, als wüsstest du *alles* – und als wäre ich ein Dummkopf.«

Nun war es endlich raus. Yofi zischte erleichtert.

Der Großvater schwieg lange. Dann sagte er:

»Ich möchte mich etwas zurückziehen.«

Er ging zu den Sträuchern, in deren Schutz sie übernachtet hatten, und lief dort lange auf und ab. Als er zurückkam, wirkte er traurig.

Unsere Reise ist also zu Ende, dachte Yofi.

»Du hast recht: Ich habe einen Fehler gemacht«, sagte Meru zerknirscht. »Meine alte Schwäche. Ich hatte gehofft, sie längst abgelegt zu haben. Genau das konnte ich damals an Großvater Sasa nicht leiden. Ich hatte mir fest vorgenommen, es anders zu machen. Bitte entschuldige.«

Yofi war so überrascht, dass er nichts antworten konnte. Er fühlte sich dem Alten so nahe wie noch nie.

Am Abend lagen die beiden Nashörner nebeneinander. Kurz vor dem Einschlafen berührte der Großvater die Haut seines Enkels mit dem Gesicht.

»Du hast mir ein großes Geschenk gemacht«, flüsterte Meru. »Ich hatte etwas Wesentliches vergessen: Nicht *ich* bin der große Lehrer, sondern das Leben. Ich kann dir bestenfalls zeigen, wie man ihm zuhört.«

Nach einigen Tagen gelangten sie an den Rand der Wüste. Yofi starrte gebannt auf die roten Sandhügel. Etwas Schöneres hatte er noch nie gesehen.

»Was sagt deine Intuition?«, fragte der Großvater.

Yofi fühlte sich hin- und hergerissen. Einerseits hatte er die Mahnung von Großmutter Mira im Ohr: »Meidet die

Wüste. Sie birgt Gefahren und versteckt ihr Wasser.« Andererseits fühlte er den Sog der leuchtenden Farbe.

»Hier *muss* ich hinein«, sagte er. »Hoffentlich verdursten und verhungern wir nicht.«

»Die Wüste ist die Meisterin der Geheimnisse«, ermutigte ihn Meru. »Offenbar ruft sie dich.«

Sie wanderten durch die Dünen. Die Sonne brannte, die Luft flirrte. Meru war unbekümmert und fröhlich. Auf einmal sah Yofi das Wasser.

Unmöglich!

Er kniff die Augen zusammen und öffnete sie wieder. Je länger er auf den großen, blauen See stierte, desto sicherer wurde er.

Das ging ja schnell!

»Das Meer! Wir haben es geschafft!«, jubelte er und wollte losrennen.

Meru berührte ihn sanft: »Das ist ein Trugbild.«

Der Enkel schüttelte den Kopf: »Ich sehe es doch ganz genau. Das *muss* das Meer sein!«

»Das ist es auch. Aber es ist sehr weit entfernt.«

»Du kannst ja nachkommen«, grölte Yofi und sprengte davon. »Wir treffen uns dann am Strand.«

Nach einer Weile bemerkte er, dass das Wasser nicht näher kam. Ihm schien, als würde es sich genau so weit entfernen, wie er darauf zu rannte. Dann verschwand es. Aufgebracht blieb er stehen.

»Das war eine Fata Morgana«, sagte Meru, der langsam gefolgt war.

Geduldig erklärte er alles, was er über Luftspiegelungen wusste.

»Man sieht oft etwas, das nicht da ist.«

Yofi war noch so enttäuscht, dass er gar nicht richtig zuhörte.

Am Nachmittag stapften sie über eine hohe Düne. Als sie die höchste Stelle erreicht hatten, entdeckten sie eine Oase: ein kleiner See, Palmen, Grasbüschel. Yofi wollte wieder lospreschen. Unsicher blickte er den Großvater an, der das Tempo beibehielt, als wäre nichts.

»Wieder eine Täuschung?«

»Nein«, rief Meru feixend und rannte los. »Aber ich will vor dir im Wasser sein!«

Sie badeten und tranken ausgiebig. Danach stillten sie ihren Hunger. Den Rest des Tages ruhten sie im Schatten.

Die Nacht war kühl. Die beiden Nashörner schauten lange zum Himmel und beobachteten die Sterne.

Am Morgen, kurz nachdem sie losmarschiert waren, zog heftiger Wüstenwind auf. Yofi hatte große Mühe, sich zu orientieren.

»Ich weiß nicht mehr, woher wir gekommen sind«, brüllte er gegen das Tosen an.

Man konnte ihn kaum verstehen.

»Das macht nichts«, rief Meru. »Wohin willst du *jetzt*?«

Yofi erkannte kaum etwas von der Umgebung. Er versuchte, das Brausen zu ignorieren und seiner inneren Stimme zu lauschen. Sobald er sie leise hörte, tauchte eine Sorge auf: *Was, wenn es mich in die falsche Richtung zieht?*

»Warum zögerst du?«, fragte Meru.

»Ich will nicht, dass wir uns verirren. Sonst laufen wir vielleicht wieder zurück.«

»Gelegentlich kommt man nur vorwärts, wenn man sich ein Stück retour bewegt.«

Er weiß schon wieder alles besser!

Yofi seufzte und kämpfte gegen den Sturm an.

Am Mittag flaute der Wind ab. Bald darauf ließen die beiden Tiere die Wüste hinter sich und durchquerten trostlose Steppe.

Langsam, fast unmerklich, wurde die Landschaft wieder fruchtbar, das Gras saftig. Yofi versuchte sich jeden Morgen zu besinnen. Außer, dass er Kröten mit der Zeit hasste, passierte nicht viel. Aber er gab nicht auf. Er wollte herausfinden, was an der Zeremonie so wichtig sein sollte.

Vater hat es ja auch geschafft.

»Willst du einen Rat?«, fragte Meru einmal, als sich die ersten Sonnenstrahlen ankündigten.

Yofi nickte. Er wusste ohnehin nicht genau, was er machen sollte, wenn er so da stand.

»Achte darauf, was du siehst.«

»Mit geschlossenen Augen?«

»Versuch es mal.«

Yofi senkte die Lider und wartete. Schon hörte er die Kröten. Schon ärgerte er sich.

Jedes Mal das Gleiche. Mistviecher!

Gerade als er »Mistviecher« dachte, huschte ein Bild durch seinen Kopf: Er sah sich selbst, wie er zornig auf den Kröten herumtrampelte. Unmittelbar darauf fiel ihm Antros ein.

Ich hätte ihn besiegt.

Nun sah er, wie Antros und er aufeinanderzustürmten. Sein Herz klopfte. Er bohrte dem ehemaligen Freund das Horn in den Hals. Yofi spürte einen Druck in der Kehle.

Das Großmaul will nur Sara beeindrucken!

Jetzt lächelte sie den Feind an und zwinkerte ihm zu.

Yofi kochte. Er öffnete die Augen und rumpelte davon.

»Hast du etwas gesehen?«, fragte Meru später.

»Allerdings. Erst die Kröten, dann das Ekelpaket Antros – woher kommen diese Bilder?«

»Sie sind immer da.«

»Das glaube ich nicht!«

»Es ist wie mit den Kröten. Man bemerkt sie erst, wenn man auf sie achtet.«

An einem Waldhügel trafen sie eine Gruppe Nashörner. Nachdem sich die fremden Tiere vergewissert hatten, dass die beiden in friedlicher Absicht unterwegs waren, durften Enkel und Großvater näher kommen.

»Ihr seid unterwegs zum Meer?«, fragte eine ältere Nashornkuh.

»So ist das Leben«, antwortete Meru.

»So ist das Leben«, wiederholte die Kuh. »Übrigens: Wir haben Nachwuchs. Alles ist gut gegangen.«

»Wer weiß schon, was gut ist und was schlecht«, murmelte Meru.

»Du mit deinen Weisheiten.«

Sie führte ihn und einen gelangweilten Yofi zu einem jungen Weibchen, das gerade gekalbt hatte. Das Nashornbaby konnte sich noch nicht alleine auf den Beinen halten und fiel immer wieder um. Am Boden liegend, machte es ein erschrockenes Gesicht, als wolle es gleich losheulen. Doch als es bemerkte, dass alle freundlich lachten, lachte es mit. Es stand wieder auf und versuchte tapfer, stehen zu bleiben.

Meru war fasziniert, als würde er das erste Mal ein Neugeborenes sehen. Vorsichtig näherte er sich der Mutter, der man Glück und Erschöpfung ansah, und flüsterte ihr etwas ins Ohr. Sie lächelte und nickte.

Es war still geworden. Alle schwiegen. Meru sah das hornlose Kälbchen einfach an. Es bekam etwas Angst, suchte den Blick seiner Mutter und schaute dann wieder zu dem fremden Nashorn. Merus Augen strahlten. Nach einiger Zeit verneigte er sich vor dem Baby, als wolle er sich bedanken.

»Dieses Wunder ist immer wieder herzerfrischend. Wer weiß, ob ich das noch einmal erlebe.«

Am Nachmittag kamen sie erneut an einen Fluss. Yofi stürzte hinein und labte sich, als nähme er das erste Bad seines Lebens.

»Ich will auf die andere Seite.«

Er hielt die Luft an und tauchte.

»Das habe ich schon lange nicht mehr gemacht«, prustete er am anderen Ufer.

»Ich will dir eine Geschichte erzählen«, begann der Großvater, als sie im Schatten eines Leberwurstbaumes verschnauften. »Sie handelt von einem jungen, ungestümen Nashorn namens Meru: Früher lebte ich, so wie du, am Fuße des Hohen Berges. In jener Zeit war ich oft mürrisch – meistens bereits beim Aufwachen. Wenn das einmal nicht der Fall war, sollte ich mich also ausnahmsweise mit einem Lächeln aus der Schlafkuhle gerappelt haben, dann gab ich mir alle Mühe, schleunigst übelgelaunt zu werden. Es gelang mir jedes Mal – spätestens bis zum Mittag. Ich fand immer jemanden, auf den ich zornig sein konnte: die lärmenden Affen, die Zebras, das Wetter. Meistens musste dafür meine Mutter herhalten.«

»Deine Mutter hat am Hohen Berg gelebt?«, fragte Yofi verwundert.

»Nein, natürlich nicht. Aber ich hatte einen Weg gefunden, trotzdem wütend auf sie zu werden. Ich stellte sie mir einfach vor: ihr Gesicht, ihre Stimme, ihre Gesten. Das reichte, um den ganzen Tag voller Groll zu sein.«

»Was hat sie dir getan?«

»Als Kind hatte ich das Gefühl, dass sie sich zu wenig um mich kümmerte. Aesha wurde sehr jung meine Mutter. Es war die Zeit der großen Buschbrände. Viele Nashorngebiete verbrannten. Meine Mutter war oft erschöpft und gereizt. Deshalb konnte sie mir häufig nicht so viel Aufmerksamkeit schenken, wie ich es gerne gehabt hätte. Ich fühlte mich im Stich gelassen. Manchmal schlug sie mich sogar mit dem Horn, wenn sie ihre Ruhe wollte.«

»Dann verstehe ich, dass du sauer auf sie warst«, unterbrach Yofi.

»Ich verstehe mich ja auch. Nur: Als ich alleine am Hohen Berg lebte und vor mich hin wütete, war das alles schon längst vorbei. Ich war kein Kind mehr. Trotzdem pflegte ich meinen Zorn. In Gedanken beschimpfte ich meine Mutter Tag für Tag. Glaube mir, ich kannte alle Schimpfworte, die es damals gab. Ich wurde immer wütender. Natürlich wusste ich nicht, dass ich mir den ganzen Groll selbst braute. Das machte ich sogar noch, als ich bereits zum Meer unterwegs war. Erst kurz bevor ich es erreichte, klang mein Ärger ab.«

»Wie?«

»Durch eine wichtige Entdeckung, die ich gemacht habe: Jede Erinnerung gleicht einer Fata Morgana.«

»So wie in der Wüste?«, fragte Yofi überrascht.

»Ja, wie in der Wüste. Ein Trugbild zeigt etwas weit Entferntes so, dass du glaubst, es sei ganz nahe. Die Erinnerung zeigt Bilder aus einer Zeit, die vorbei ist. Meine Gedanken wussten natürlich, dass ich längst erwachsen war und meine Mutter mich nicht mehr verletzen konnte. Aber Bilder sind stärker als Gedanken …«

»Das verstehe ich nicht.«

»Bilder wirken direkt ins Herz. Wenn das Herz etwas

sieht, ist es davon überzeugt, dass es gegenwärtig stattfindet.«

»Auch wenn die Bilder sehr alt sind?«

»Das Herz kennt keine Zeit. Es lebt immer jetzt. Das ist sein wichtigster Augenblick. Genau genommen: der einzige, der ihm vertraut ist. Es weiß nicht einmal, dass es ein Vorher und ein Nachher gibt.«

Am Abend lagen sie in einem Akazienhain und lauschten dem Konzert der Kröten.

»Bist du bereit, etwas auszuprobieren?«, fragte Meru. »Es ist angenehm.«

»Dann gerne.«

»Schließ die Augen und denk an das schönste Nashornweibchen der Welt.«

Yofi sah augenblicklich Sara vor sich. Sara, die er schon seit der Kinderzeit kannte. Damals hatte er öfter mit ihr gespielt. Er fand sie nett, aber sie war ihm nicht weiter aufgefallen. Eines Nachts, er war bereits älter und lebte schon einige Zeit von seiner Mutter getrennt, nahm er die Witterung eines verführerischen Duftes auf – dem köstlichsten, den er je geschnuppert hatte. Er folgte ihm. Yofi hätte alles getan, um die Kuh zu erobern, die dieses Aroma verströmte. Zu seiner Überraschung war es Sara, die so gut roch. Sie hatte sich in das leckerste Weibchen der Savanne verwandelt. In den nächsten Tagen besiegte er fünf Nebenbuhler und hätte es auch mit weiteren aufgenommen. Nachdem die Rivalen bezwungen waren, musste er tagelang spielerisch gegen die brunftige Sara kämpfen; erst dann akzeptierte sie ihn als ihren Mann. Antros hatte damals so getan, als würde er Yofis Leidenschaft nicht verstehen …

»Betrachte ihr Gesicht«, sagte Meru jetzt.

Yofi erblickte das charmanteste Nashornlächeln, das er kannte. Die perfektesten Hörner. Augen voller Liebe.

»Nun denk daran, wie ihr euch ganz nahe wart.«

Yofi wurde unruhig. Sein Körper kribbelte vor Freude. Er spürte ein Ziehen und erinnerte sich daran, wie sie ihr Baby gezeugt hatten. Er bekam Sehnsucht und fühlte sich wie der König der Nashörner – so wie in der Nacht, als er Sara erobert hatte.

»Wie geht es dir?«, fragte Meru.

Der Enkel öffnete langsam die Augen.

»Wow. Am liebsten würde ich jetzt wieder ein Nashornbaby zeugen.«

»Das ist die Macht der Erinnerung!«

Yofi seufzte. Er war noch etwas benommen und bedauerte, dass er wieder abkühlte. Dann fiel ihm ein, was er als Kind gelernt hatte.

»Großmutter Mira sagte immer: Das Land der Erinnerung ist das einzige, aus dem uns niemand vertreiben kann.«

»Sie hat recht«, sagte Meru. »Es kann ein weites, fruchtbares und friedliches Land sein. Aber auch eines voller Fallgruben. Je nachdem, an was man sich erinnert.«

Yofi wusste, wovon die Rede war. In der Gegend, in der er seine Kindheit verbracht hatte, waren immer wieder Tiere in große Fallgruben gestürzt: tiefe Löcher, deren Wände so steil waren, dass es kein Entrinnen gab. Etliche Fallen wurden sogar immer tiefer, je stärker ein Gefangener versuchte, sich zu befreien.

»Morgen können wir weitersprechen«, sagte Meru. »Wenn du willst.«

Yofi war sich sicher, dass er das wollte.

»Über morgen mache ich mir erst Gedanken, wenn es so weit ist«, ahmte er den Großvater nach und grinste in die Nacht.

VIER

Beim Aufstehen wirkte Meru älter als sonst.

»Ich habe kaum geschlafen. Heute muss ich mich erholen.«

Yofi stutzte. Bislang hatte er den Großvater immer kraftvoll erlebt. Mit mehr Energie als andere Nashörner in seinem Alter.

»Bist du krank?«

»Nur erschöpft. Morgen geht es wieder.«

Fressend und dösend verbrachten sie den Tag unter den Akazien. Als die Sonne unterging, zerstob ein frischer Wind die stehende Hitze.

»Erinnerst du dich an die Traumschlürfer?«, fragte Meru.

Yofi spitzte die Ohren.

»Sicher.«

»Weißt du, was sie tun, wenn sie den Traum geschluckt haben?«

Yofi überlegte kurz.

»Verdursten sie?«

»Leider nicht. Sie leben weiter und hoffen, den letzten

Tropfen irgendwann zu erhaschen. Bis dahin trinken sie etwas anderes.«

»Was?«

»Meistens Wut. Genauer gesagt: Groll.«

»Gibt es da einen Unterschied?«

»Allerdings: Groll ist *alte* Wut.«

»*Die* nehmen sie als Ersatz?«, fragte Yofi verdutzt.

»Ja. Sie schmeckt so ähnlich wie der Traum. Die Schlürfer versorgen sich deshalb immer ausreichend damit.«

»Wie machen sie das?«

»Mit einer ausgefeilten Strategie. Zuerst verstellen sie den Blick auf das Schöne. Würde ein Nashorn wirklich sehen, wie paradiesisch die Welt zu jedem Zeitpunkt ist, dann fiele die Grollernte recht kümmerlich aus. Mich etwa verleiteten sie zum Grübeln, indem sie meinem Herzen verdrießliche Bilder aus der Vergangenheit zeigten.«

Yofi blickte aufmerksam.

»Und dann?«

»Mein Herz glaubte, dass alles, was es sah, augenblicklich stattfand. So hatten die Schlürfer immer etwas zum Schlucken. Trotzdem wurden sie nie richtig satt.«

»Wieso nicht?«

»Alte Wut schmeckt zwar so ähnlich wie der Traum, ist aber weit weniger nahrhaft. Das Tragische ist: Die Schlürfer benötigen immer mehr davon.«

»Weshalb?«

»Groll macht nur für die Dauer eines Atemzuges satt. Danach wird der Durst größer als zuvor. Je mehr man schlürft, desto durstiger wird man.«

Der nächste Tag brach an. Meru sah wieder kräftig aus, seine Augen leuchteten. Yofi dagegen war schlecht gelaunt. Er hatte von seinem Feind geträumt – erst jetzt fiel ihm auf, dass er sich in den vergangenen Tagen kaum mit Antros beschäftigt hatte.

Während der Besinnung wartete Yofi vergebens auf Bilder.

Dieser Quatsch hört auf, sobald ich am Meer bin.

»Heute war nix zu sehen«, murrte er.

»Die Bilder sind blitzschnell. Oft erkennt man sie nicht«, antwortete der Alte.

Yofi schnaubte: »Sie sind also immer da, weil der allwissende Meru das behauptet.«

Der Alte tat, als hätte er den pampigen Ton überhört.

»Du kannst sie jederzeit in Ruhe anschauen. Willst du das?«

Yofi knirschte mit den Zähnen.

»Dauert das lange?«

»Bis zum Abend.«

Der Enkel bereute, gefragt zu haben.

Den ganzen Tag? Das darf nicht wahr sein!

»Für den Anfang«, ergänzte Meru. »Heute bewegen wir uns so bedächtig wie möglich. Es ist ein Wettkampf. Wer am langsamsten läuft, hat gewonnen.«

Yofi traute seinen Ohren nicht.

Das meint er nicht ernst.

Er täuschte sich.

»Dann kommen wir ja noch später an«, nörgelte er.

»Wir werden rechtzeitig da sein«, sagte der Großvater und schob unendlich langsam einen Huf nach vorne.

Wenn das bis zum Abend so geht, werde ich wahnsinnig, dachte Yofi. *Wir haben ja nichts Besseres zu tun, als durch die Gegend zu schleichen.*

Widerwillig setzte er sich in Bewegung. Bald hatte er einen Vorsprung. Sosehr der junge Bulle sich anstrengte, das Tempo zu drosseln: Meru blieb immer weit hinter ihm.

Die Riesenschildkröte kroch durchs Gras. Mühelos zog sie am Großvater vorbei. Um Yofi einzuholen, musste sie sich ins Zeug legen.

»Endlich jemand, der versteht«, keuchte sie.

»*Was* versteht?«, muffelte er.

»Je langsamer man lebt, desto intensiver.«

»Ich hab die Nase voll von dem Gekrieche!«

»Ganz der Herr Großpapa, ganz der Herr Großpapa.«

»Hat er das etwa gesagt, als du ihn überholt hast?«

Die Schildkröte lugte unter ihrem Panzer hervor und kicherte: »Ja, ja – als er das letzte Mal hier vorbeikam.«

Yofis Ohren stellten sich deutlich schneller auf, als sich der Rest des Körpers bewegte.

»Du kennst ihn von *früher*?«

»Ja, ja«, murmelte sie. »Ist das schon wieder so lange her? Wie doch die Zeit vergeht. Er und sein Herr Großpapa wollten damals ans Meer, wenn ich mich recht erinnere. Der junge Meru konnte es kaum erwarten.«

»Bist du dir ganz sicher, dass *er* es war?«, fragte Yofi aufgeregt.

»Freilich bin ich mir sicher. Normalerweise wandern auf dieser Route nur Elefanten. Da werde ich mich doch an die wenigen Rhinozerosse erinnern, die hier vorbeiziehen. Dem jungen Meru ging damals alles fürchterlich auf die Nerven.«

Die Schildkröte zwinkerte. Dann bog sie ab.

Er ging also auch diesen Weg.

Der Tag kommt Yofi unendlich lang vor.

Er hört seinen Atem, der ihm sonst nie auffällt.

Er spürt das Pochen seines Herzens.

Er bemerkt, wie der Wind seine Ohren streichelt.

Er fühlt den Boden unter den Hufen.

Er beobachtet, wie sich die Wolken verwandeln.

Dann sieht er Antros und sich selbst auf den Berg steigen.

Sie prallen zusammen.

Dich kriege ich!

Die Köpfe drücken gegeneinander.

Die Hörner verhaken sich.

Aus dem Weg!

Die Schulter blutet.

Sie brüllen vor Wut.

Sie sprühen vor Hass.

Erschöpft brechen sie zusammen.

Großkotz!

Am Abend war der junge Bulle völlig erledigt. Nachdem er sich eine Weile ausgeruht hatte, zeigte ihm der Großvater, dass Futter am besten schmeckt, wenn man es gemächlich frisst. Yofi, der das Gras üblicherweise verschlang, tat es ihm gleich.

»Wie fühlst du dich?«, fragte Meru.

»Müde.«

»Das ist oft so nach dem wichtigsten Tag im Leben«, grinste der Alte.

Yofi seufzte.

»Ich habe mich heute mit der Schildkröte unterhalten …«

»Aha.«

»Von ihr weiß ich, dass du denselben Weg gegangen bist …«

Meru holte Luft.

»Da irrst du dich. Ich bin zwar an vielen Orten vorbeigekommen, die du inzwischen auch kennst. Trotzdem war es ein anderer Weg, der mich dorthin geführt hat.«

Sie schwiegen eine Weile.

»Großvater?«, sagte Yofi, kurz bevor ihm die Augen zufielen.

»Ja?«

»Heute habe ich viel mehr Bilder von Antros gesehen als sonst.«

»Oder es öfter bemerkt.«

Yofi träumte von Sara und wachte gut gelaunt auf.

Immerhin sind wir flotter als gestern, dachte er, während sie durch die weite Savanne trabten.

Meru machte ein nachdenkliches Gesicht.

»Die Traumschlürfer«, sagte er, »kriechen oft in die Erinnerungsbilder und fälschen sie.«

Yofi zuckte zusammen.

Sie sind offenbar wirklich gefährlich.

»Einfach so?«

»Wie ich bereits sagte: Sie können jede Gestalt annehmen.«

»Jede?«

»Die Schlürfer, die mir das Leben schwer machten, haben sich oft in meine Mutter verwandelt – und ihren Gesichtsausdruck verändert. Immer, wenn ich an sie dachte, schaute sie mich noch zorniger an.«

»Ohne, dass du es bemerkt hast?«

»Die Traumschlürfer sind klug und manipulieren ein Bild von Mal zu Mal – jeweils nur ein bisschen. Je grimmiger meine Mutter blickte, desto grolliger wurde ich. Mit der Zeit vergor meine alte Wut sogar zu Hass – der schmeckt den listigen Wesen besonders gut.«

Meru machte Halt und atmete tief ein.

»Es bereitet mir immer noch Mühe, mir das einzugestehen: Ich vergaß nicht nur meinen Lebenstraum, sondern ließ mich auch in anderen Herzensdingen gewaltig hinters Licht führen.«

»In welchen?«

»Die Schlürfer haben auch die Bilder gefälscht, die ich von Mira in meinem Gedächtnis trug. Wenn ich mich an sie erinnerte, hatte ich oft das Gesicht meiner Mutter vor Augen. Ohne, dass es mir auffiel. Das hat großes Leid hervorgebracht – bei deiner Großmutter und bei mir.«

Durch den Enkel kroch ein Gefühl der Empörung.

»Aber irgendwann müssen die blöden Schlürfer doch mitkriegen, dass sie gar nicht satt werden.«

»Natürlich fällt ihnen das auf. Aber dann denken sie: Das nächste Mal brauchen wir einfach mehr Groll, und alles wird gut. Sie werden immer gieriger.«

»Eines verstehe ich nicht«, sagte Yofi, als sie im Gras nebeneinanderlagen. »Warum hast du nichts gegen deinen Groll unternommen? Wo er doch immer größer wurde.«

Der Alte seufzte.

»Ich habe mich selbst angelogen«, sagte er leise. »Und mir eingeredet, alles sei in Ordnung.«

Der Enkel spürte, wie dem Großvater jedes Wort schwerfiel.

»In Wahrheit wollte ich vor mir selbst nicht zugeben, wie krank ich war.«

»Du warst krank? Was hat dir gefehlt?«

»Mein Lebenstraum hat mir gefehlt. Nur wusste ich das nicht. So wenig wie ich ahnte, dass der wichtigste Tropfen noch da war. Ich konnte ihn nicht spüren.«

»Wie bei mir.«

»Wie bei dir. Dort, wo früher der Traum war, hatte ich inzwischen eine große Wunde.«

»Hat sie wehgetan?«

»Leider nicht.«

»*Leider?*«

»Eine Zeit lang habe ich überhaupt nichts mehr gefühlt, nicht einmal Traurigkeit. Mein Herz war gelähmt – das Widerwärtigste, was ich je erlebt habe. Ich war absolut davon überzeugt, dass dieser Zustand sich nie mehr ändern würde. Da habe ich lieber Groll gespürt als gar nichts. Außerdem wollte ich die Wunde damit heilen.«

»Mit Groll?«

»Für kurze Zeit schmeckte er beinahe so wie der Lebenstraum: Mein Herz wurde warm, und ich fühlte mich lebendig wie sonst nie. Solange ich das spürte, war mir der Traum ziemlich gleichgültig. Und damit der Sinn meines Lebens. Ich vermisste ihn nicht einmal.«

Sie trafen einen Elefanten. Er torkelte unter einen Marulabaum und trompetete.

»Der hier hat einen anderen Weg gefunden, seine Wunde zu betäuben«, sagte Meru.

Yofi kannte die Früchte des Marulabaumes: exquisite Leckerbissen. Ein Pavian hatte ihn einmal dazu überredet, sie zu versuchen. Wenn sie etwas gegoren sind, fühlt man sich verwirrt. Man kann nicht mehr gerade stehen und nicht mehr sprechen. Am nächsten Tag hat man Kopfweh.

»Willst du damit sagen, dass die Schlürfer auf gegorene Elefantenbaum-Früchte stehen?«

»Offenkundig. Es wird ja kurze Zeit warm in der Brust,

wenn man sie frisst. Und berauschte Zeitgenossen werden oftmals von heftigem Groll überfallen.«

»Gibt es noch mehr Arten, sich zu betäuben?«, fragte Yofi etwas später.

»Unzählige. Es gibt Nashörner, die erfinden stets neue Sorgen, mit denen sie sich beschäftigen können. Einige denken auch den ganzen Tag an den Kummer Anderer, nur um ihre eigene Wunde zu vergessen. Es gibt sogar welche, die verjagen alle Vögel vom Rücken, um sich von den Parasiten piesacken zu lassen. Manchem ist jeder Schmerz lieber als das lähmende Gefühl.«

Bald darauf kamen sie an zwei Löwen vorbei, die schläfrig auf einem Felsen lagen.

»Bevor ich es vergesse«, sagte Meru. »Angst trinken die Schlürfer fast so gerne wie alte Wut. Deshalb haben sich meine oft in einen Löwen verwandelt.«

»In einen *Löwen*?«

»Es war in der Zeit, als ich noch klein war. Meine Mutter hatte wieder einmal viel zu tun und konnte sich nicht um mich kümmern. Ich trank etwas abseits der Herde aus einem Wasserloch. Plötzlich stand ein Löwe vor mir. Die anderen Mütter bemerkten ihn, mussten aber zuerst ihre eigenen Kinder beschützen. Ich hatte furchtbare Angst und fühlte mich vollkommen hilflos. Aber ich hatte Glück: Die Raubkatze war jung und unerfahren. Offenbar war sie genauso erschrocken wie ich. Sie blieb wie angewurzelt stehen. So gelang es mir, zu fliehen. Ich rannte und rannte, bis ich endlich meine Mutter fand.«

»Dann hat die Angst dich also gerettet«, folgerte Yofi.

»Als ich bei meiner Mutter ankam, hatte ich keine mehr. Aber die Begegnung mit dem Löwen war trotzdem ein gefundenes Fressen für die Schlürfer.«

»Wieso denn das?«

»Sie erinnerten mich ständig an ihn. Ich war sogar noch überzeugt, dass er jederzeit vor mir stehen kann, als ich mit Großvater Sasa zum Ozean unterwegs war. Und weil der Löwe in meiner Fantasie von Mal zu Mal größer und gefährlicher wurde, fürchtete ich mich immer stärker.«

»Aber ein ausgewachsenes Nashorn wie du wird doch leicht mit einem Löwen fertig.«

»Stimmt. Doch den Traumschlürfern ist es gelungen, dass ich mich jedes Mal wie ein Kind fühlte, wenn ich an ihn dachte. Freilich ohne dass es mir gewahr wurde.«

Die haben ihm ja ganz schön zugesetzt. Mich würden sie nicht so austricksen.

Am Abend suchten sie einen Platz für die Nacht. Yofi hatte wieder einmal den Eindruck, die Haut des Alten würde weiß schimmern – obwohl die Sonne bereits am Horizont verschwunden war. Der Mond ging auf. Yofi dachte lange über alles nach, was er heute erfahren hatte.

»Kann man gegen die Schlürfer denn überhaupt nichts tun?«, fragte er in die Dunkelheit.

Meru blickte ihn stolz an.

»Doch.«

»Und was?«

»Du kannst den Großen Kampf antreten.«

»Den Großen Kampf?«

»Das ist die wichtigste Schlacht deines Lebens: der Kampf um deine wahre Bestimmung. Auf dem Rest unserer Reise werde ich dir mehr darüber erzählen.«

FÜNF

Großer Kampf hört sich prima an.

Das junge Nashorn hoffte, der Alte würde bald auf das spannende Thema zurückkommen. An einer Suhle legten sie Rast ein.

»Der Große Kampf ist eine heilige Angelegenheit. Ein wenig davon kennst du bereits. Es ist sehr einfach. Wie alles Wichtige im Leben.«

Sag schon.

»Der Große Kampf bedeutet: Man hört auf, sich selbst zu bekriegen.«

Das war alles, was Meru sagte. Dann schwieg er.

»Und?«, fragte Yofi, als ihm das Warten zu lang wurde. »Wie geht es weiter?«

»Wieso weiter?«

Muss man ihm heute denn alles aus der Nase ziehen?

»Was ist mit dem Kampf gegen die Schlürfer?«

»Das ist der Kampf!«

Der Enkel war sichtlich enttäuscht. Er hatte heute sowieso eine dünne Haut.

»Aber ich kämpfe doch gar nicht gegen *mich*.«

»Meinst du?«

Erst kündigt er großartig eine Schlacht an, dann labert er unbrauchbares Zeug.

Yofi erinnerte sich, wie wütend er am Anfang der Reise auf den Großvater gewesen war.

Jetzt fängt er wieder an zu spinnen.

Ein langes Schweigen folgte. Schließlich sagte Meru: »Ich glaube, du führst seit geraumer Zeit einen Krieg gegen dich selbst – hart und ohne Gnade.«

»Wäre mir aufgefallen«, knurrte Yofi.

Meru blieb beharrlich.

»Seit wir uns kennen, spüre ich deinen Zorn.«

»Klar bin ich wütend. Aber nicht auf mich – auf Antros!«

»Bist du da ganz sicher?«

»Was er getan hat, werde ich nie vergessen.«

»Das brauchst du auch nicht. Viel wichtiger ist: Was tust *du* dir an?«

Daher weht also der Wind. Das ist ja das Letzte!

»Ach so! Ich bekämpfe mich also selbst, weil ich mich gegen Antros wehre. Jetzt kommst du bestimmt wieder mit diesen bescheuerten Traumschlürfern. Vergiss es! Ich bin mir absolut sicher: Er ist ein Verräter! Meine Erinnerungen sind wahr! Niemand hat sie gefälscht! NIEMAND!«

Hitzig preschte Yofi davon. Die Zebras, die in der Nähe grasten, schreckten auf.

In der Nacht schlief er kaum. Mit der Wut auf den Großvater waren auch wieder Bilder von Antros aufgetaucht.

»Immer noch zornig?«, fragte Meru, als sie am nächsten Tag durch die Savanne trabten.

»Antros ist mein Feind!«

»Also gut: Verdrisch ihn!«

»Was soll denn *das*?«

»Verhau ihn! Oder um es in deiner Sprache auszudrücken: Bohr ihm das Horn in die Haut, bis er quietscht.«

Der wird ja immer schräger. Wird Zeit, dass wir ankommen.

»*Wen* soll ich verprügeln?«

»Wen wohl? Antros! Auf ihn mit Gebrüll!«

»Da wäre eine Kleinigkeit«, entgegnete Yofi bissig. »Leider ist er gerade nicht da. Bestimmt macht er nur Pipi.«

Meru atmete tief durch und blickte seinen Enkel an.

»Möglicherweise behandle ich dich heute wieder von oben herab. Verzeih mir das. Aber ich finde es unerträglich, wie du dich zum Narren halten lässt.«

»Ich? Mich? Zum Narren? Nein, Großväterchen! Da bist du schief gewickelt! Ich sehe Bilder, einverstanden. Aber sie sind *wahr*! Antros hat den Schwur gebrochen und gegen mich gekämpft.«

»Daran zweifelt niemand. Trotzdem riecht es nach einer Fälschung. Und zwar nach der gemeinsten, die ich kenne: Die Schlürfer belügen dich mit der Wahrheit.«

Yofi war einen Moment lang so verdattert, dass ihm nichts mehr einfiel. Erst nach und nach formte sich in seinem Gehirn ein halbwegs sinnvoller Gedanke.

»Mit der *Wahrheit*?«, fragte der Enkel in einer Weise, die andeuten sollte, dass er sich um den Geisteszustand des Alten sorgte.

Am Mittag standen sie im Schatten einer Schirmakazie.

Meru sagte: »Ich wurde lange Zeit deshalb wütend, weil ich mich jeden Tag daran erinnerte, wie meine Mutter mich schlug.«

»Aber das war doch die Wahrheit.«

»Ja. Aber der Eindruck, dass sie mich ständig prügelte – das war eine Lüge. Ich sah die Bilder jeden Tag. Deshalb war ich bald überzeugt, auch jeden Tag verdroschen worden zu sein.«

»Und was haben die Traumschlürfer damit zu tun?«

»Sie haben wahre Bilder vergrößert. Deshalb habe ich nur die gesehen. Und vergessen, was meine Mutter sonst alles für mich getan hat. Ich hatte lange Zeit nicht einmal die kleinste Erinnerung daran, dass wir uns meistens vertragen haben. Zum Beispiel hat sie mir oft tröstliche Geschichten erzählt. Alles blieb hinter den Riesenbildern versteckt, auf denen sie mich prügelte.«

Yofi geriet ins Nachdenken.

Größere Bilder machen sicher auch mehr Groll.

»Als ich so alt war wie du«, erzählte der Großvater weiter, »lebte am Hohen Berg ein windiger Madenhacker. Er verbreitete jeden Morgen die Neuigkeiten der Gegend: über die Löwen, über die Antilopen, über die Elefanten. Bis auf wenige Ausnahmen war es nie ganz falsch, was er berichtete – er bauschte es nur ein wenig auf. Nun, die Übertreibung ist die kleine Schwester der Lüge. Der *richtige* Schwindel aber lag woanders.«

»Wo?«

»Der Vogel erweckte den Eindruck, die Nachrichten seien wichtiger als alles, was sonst in der Savanne geschah. *Das* war die reine Unwahrheit.«

Yofi stampfte verdrossen durchs Gras.

»Wie kommst du bloß auf die hirnrissige Idee, dass ich mich selbst bekämpfe?«

»So sieht es für mich aus«, antwortete Meru.

»Aber es geht doch um *Antros.*«

»Was fühlst du gerade?«

»Ich ärgere mich.«

»Ganz genau: *Du* bist es, der sich selbst ärgert. Leidet Antros eigentlich sehr unter deiner alten Wut?«

»Wie kann er darunter leiden? Er ist ja gar nicht hier!«

»Eben. Dein Groll tut dir alleine weh. Antros kriegt davon überhaupt nichts mit. Der Zorn verletzt dein Herz, nicht seines.«

»Das verstehe ich nicht.«

»Spürst du den Groll?«

»Ja!«

»Mehr musst du nicht verstehen. Antros ist in deiner Fantasie da. Sie gehört zu dir wie deine Hörner, deine Ohren und deine Hufe. Wenn du in der Vorstellung mit jemandem kämpfst, dann kämpfst du gegen dich. Wenn du Antros in Gedanken beleidigst, beleidigst du dich.«

»Aber …«

»Deine Fantasie wirkt in dir! Denk noch einmal an die wunderbaren Momente mit dem schönsten Nashornweibchen.«

Yofi blieb stehen. Er schnitt eine Grimasse, senkte die Augenlider und malte sich aus, so nahe wie möglich bei Sara zu sein. Bald darauf kribbelte es wieder überall.

»Wenn du das Bild lange genug anschaust, richtest du dich darauf ein, ein Kind zu zeugen. So ähnlich ist es, wenn du wütend bist: Du siehst, wie du raufst. Deshalb bereitet sich dein Körper auf einen Kampf vor.«

Yofi öffnete die Augen.

Er sagte: »Das ist auch gut so.«

»Ja, falls dein Rivale anwesend ist und tatsächlich gegen dich kämpft. Wut hat einen Sinn! Man braucht sie, um sich wehren zu können. Wenn dein Feind aber nur in deinem Kopf existiert, dann richtest du sie gegen dich.«

»Und was ist daran so schlimm?«

»Sie verbraucht sich nicht und bleibt in dir stecken. Das vergiftet deinen Leib und dein Herz. Mich hätte dieses Gift beinahe getötet.«

»Wie kann etwas Gutes giftig sein?«

»Frisches Wasser ist gesund – faules macht krank.«

Am Abend regnete es.

»Willst du eine Gute-Nacht-Geschichte hören?«

Yofi nickte.

»Es war einmal ein Wassertropfen. Er war sehr klug, ziemlich frech und ein wenig eigensinnig. Er war schon recht weit herumgekommen: dreimal ans Meer, drei lange Flugreisen in einer großen Wolke, drei Absprünge von ganz oben. Aus einer Wolke zu springen fand er fast so lustig, wie einen Wasserfall hinunterzustürzen.

Vor dem vierten Sprung aus einer Wolke hatte der Tropfen sich vorgenommen, den Saltorekord zu brechen. Es gelang ihm nicht. Die Luft war kalt, er verwandelte sich in eine Schneeflocke und landete auf dem Hohen Berg.«

»Schnee besteht aus Wassertropfen?«, fragte Yofi erstaunt.

»Sicher.«

»Ich dachte, es ist weißer Sand.«

»Schneeflocken sind gefrorene Regentropfen. Weißt du, wer sie zurückverwandelt?«

»Nein.«

»Die Sonne! Unter der Wärme ihrer Strahlen wird der Schnee wieder flüssig. Die Sonne kann sogar noch mehr: Wenn sie auf den Ozean scheint, werden die Wassertropfen ganz leicht, steigen nach oben und bilden eine Wolke.«

Yofi sperrte das Maul auf.

»Und der freche Tropfen?«

»Eines Tages floss er den Berg hinunter und kullerte in einen Bach. Der mündete bald in einen Fluss. Es herrschte ziemlicher Trubel. Der Wassertropfen traf alte Bekannte und lernte neue kennen. Der Fluss wurde breiter, er näherte sich dem Meer. In dieser Gegend war der Tropfen schon einmal. Deshalb kannte er sich gut aus. Dachte er jedenfalls. Denn seit er das letzte Mal hier gewesen war, hatte sich die Landschaft verändert. Der Fluss bog nach links ab – der Tropfen war entsetzt.

Das ist die falsche Richtung!

›HALT!‹, rief er. ›Alle mal zuhören! Wir müssen nach *rechts*. Das weiß ich genau!‹

Das Wasser rauschte so laut, dass man ihn lange Zeit nicht hörte.

›STOPP!!!‹, schrie er und stemmte sich mit ganzer Kraft gegen ein Steinchen. Aufgebracht versuchte er die Anderen, Bekannte und Fremde, zu überreden. Dann wollte er dem Fluss erklären, dass es viel klüger, sicherer und kürzer wäre, nach rechts zu fließen statt nach links. Du kannst dir vorstellen, wie es ausging: Der Tropfen wurde müde und frustriert. Der Strom floss weiter nach links. Nichts hatte sich geändert. Außer der Laune des Tropfens.«

»Aber was ist, wenn sich der Fluss geirrt hat?«, fragte Yofi.

»Ich habe mir gedacht, dass du den Tropfen gut verstehst«, antwortete Meru. »Je älter ich werde, desto seltener bilde ich mir ein, zu wissen, was richtig und was falsch ist. Auch wenn es manchmal anders wirkt. Ich stelle mir oft vor, ich wäre der Tropfen und das Leben der Fluss. Dann schaue ich genau: Was *kann* ich ändern, was *muss* ich ändern – und was ist seine Aufgabe.«

»Aber der Tropfen konnte ja gar nichts selbst bestimmen«, widersprach Yofi. »Nur mit der Strömung fließen und nachgeben.«

»Das sehe ich anders. Er konnte aus vielen spannenden Aufgaben wählen.«

»Aus welchen denn?«

»Er hätte die Fische aufheitern oder durch den Boden sickern können. Es wäre möglich gewesen, in einem Wasserloch aufzutauchen, auf dem Rücken eines Elefanten an

Land zu gehen und mithilfe der Sonne eine weitere Flugreise anzutreten. Bei alledem hätte der Tropfen sein Bestes geben können. Nur eines vermochte er nicht: den Fluss zu lenken oder aufzuhalten.«

SECHS

Sie wanderten durch ein bewuchertes Tal. Yofi gab sich alle Mühe, *nicht* an seinen Feind zu denken. Es misslang. Er hatte sogar den Eindruck, dass ihm Antros häufiger einfiel, und wurde langsam, aber sicher zornig auf diese ominösen Traumschlürfer.

»Man muss sich gegen die Lügen doch irgendwie wehren können!«

»Ich kann dir nur beibringen, wie *ich* kämpfe«, gab Meru zurück. »Vielleicht findest du später einen anderen Stil, der dir mehr entspricht.«

Yofi hob erwartungsvoll den Kopf.

»Ich habe schmerzhaft einsehen müssen, dass ich den Großen Kampf nicht alleine bestehen kann. Aus eigener Kraft habe ich gegen die Traumschlürfer keine Chance. Deshalb habe ich mir angewöhnt, jeden Morgen um Hilfe zu bitten – damit ich für die Dauer eines Tages auf alte Wut verzichten kann.«

Yofi rümpfte die Nase. Unter einer *Schlacht* stellte er sich immer noch etwas anderes vor.

»Und bei wem bettelst du um Hilfe?«

»Ich ersuche das Leben. Es ist die größte Macht, die ich kenne – und die weiseste.«

»Soso, und hilft es dir, *das Leben*?«, stichelte Yofi.

»Wenn ich aufrichtig darum bitte: ja. Und wenn ich mir täglich vergegenwärtige, dass ich ein Tropfen in einem Fluss bin.«

»Mit anderen Worten: Du passt dich an!«

»Wenn du es so nennen willst. Ich habe aufgehört, mich gegen die Fügung zu wehren. Sie ist ohnehin stärker.«

Der Enkel dachte ein Weilchen nach.

»Wenn das Leben aber gar nicht will, dass dein Groll verfliegt?«

»Dann wird es dafür seine Gründe haben. Auch wenn ich sie nicht durchschaue.«

»Du ordnest deinen Willen also einfach unter.«

»Der Wille des Lebens ist größer als meiner. Ich habe übrigens nie behauptet, dass es mir leichtfällt, das zu akzeptieren. Aber seit es mir ab und zu gelingt, sind meine Tage friedvoller.«

»Hört, hört.«

Meru blieb gelassen.

»Weißt du, ich war lange Zeit meines Lebens so hochmütig, dass es gut und gerne für drei Nashörner gereicht hätte. Deshalb kann ich die restliche Zeit, die mir noch bleibt, zur Abwechslung etwas demütig sein.«

»Also, wenn ich du wäre, dann würde ich das ach so mächtige Leben gleich für eine ganze Trockenzeit anflehen. Oder besser noch: für immer.«

Meru schmunzelte.

»Das habe ich versucht. Es ist gründlich danebengegangen.«

»Wieso?«

»Ich hasse das Gefühl, mich festzulegen. Ein Tag ist der längste Zeitraum, den ich überblicken kann. Außerdem habe ich so die Freiheit, jeden Morgen neu zu entscheiden, ob ich *wirklich* auf Groll verzichten will.«

Yofi konnte nicht einschätzen, ob die letzte Bemerkung ernst gemeint war.

Sie kamen ein drittes Mal an einen Fluss. Nach einem erfrischenden Bad im kühlen Wasser folgten sie dem Ufer.

»Warum will ich eigentlich ausgerechnet ans Meer? Warum wolltest du das? Warum Großvater Sasa?«, fragte Yofi.

»Ich glaube, das bleibt das Geheimnis des Lebens. Man kann sich seine Herzenswünsche nicht aussuchen. Das Leben wählt sie. Das ist sein Geschenk an uns.«

»Möchte es auch noch, dass wir uns bedanken?«, brummte Yofi.

»Ich denke, es genügt, wenn wir das Geschenk annehmen.«

»Und was bedeutet das?«

»Das heißt: deinem Herzenswunsch treu bleiben und dein Bestes geben, um ihn zu erfüllen. Wenn du das tust, bist du am lebendigsten – das ist das Ziel des Großen Kampfes.«

Yofi legte die Stirn in Falten.

»Hört sich alles ziemlich vertrackt an.«

»Es ist einfacher, als man denkt.«

Am nächsten Tag versuchte Yofi erneut, keinen Gedanken an das feindliche Nashorn zu verschwenden, mit dem er früher so eng befreundet gewesen war. Als es Nacht wurde, erzählte er geknickt, dass er so viele rabiate Bilder gesehen hatte wie lange nicht mehr.

»Heute ist vorbei«, tröstete ihn der Großvater. »Morgen fängst du von vorne an.«

»Gibt es keine andere Art, zu *kämpfen*?«

»Du kannst jeden Tag die Grundhaltung des Großen Kampfes einüben«, antwortete Meru, als sei das selbstverständlich.

»*Grundhaltung?*«

»Das ist die Bereitschaft, in allen, die dir begegnen, das wahre Wesen zu erkennen – zu jedem Zeitpunkt.«

»Was heißt denn das schon wieder?«

»Das heißt, jeden so zu sehen, wie er gerne sein würde. So, als hätte er seinen Lebenstraum bereits verwirklicht.«

»Und wie, bitte schön, soll das gehen?«

»Wenn jemand seinen größten Wunsch in die Tat umgesetzt hat, erkennt man das daran, dass seine Augen auf eine besondere Weise leuchten – vor Lebensfreude.«

»Aha. Ich soll also ein Leuchten sehen, das gar nicht da ist«, spottete Yofi.

»Wenn du die Grundhaltung ernsthaft übst, wirst du zumindest einen Schimmer dieses Leuchtens erkennen. Bei jedem.«

Yofi ahnte, worauf der nächtliche Wortwechsel hinauslief.

»Bei *jedem*?«

»Ja. Für mich heißt das: sogar bei meiner Mutter. Da sie bereits tot ist, betrachte ich sie so, wie sie gerne geworden wäre.«

»Und ich soll den Glanz bestimmt in Antros' Augen sehen.«

»Wie gesagt: Du lernst schnell.«

»Leider, leider weiß ich nicht, wo der Miesling gerade steckt«, sagte Yofi sarkastisch.

»Ist es nicht wunderbar, dass es die Traumschlürfer gibt?«, fragte Meru heiter. »Sie schaffen ihn her, sooft sie können. Extra für dich.«

»Antros mit leuchtenden Augen? Das tue ich mir nicht an! Nie im Leben!«

Kurz nach Sonnenaufgang standen die beiden Nashörner nebeneinander und kauten Gras.

»Heute will ich dir etwas zeigen, das ich von Großvater Sasa gelernt habe. Er hatte viele Namen dafür. Einer davon war: der heilsame Atem.«

»Was?«, murmelte Yofi müde.

»Man kann die Lügen der Traumschlürfer verwandeln und daraus die Kraft schöpfen, die man braucht, um den Herzenswunsch zu erfüllen.«

»*Das* geht?«, fragte Yofi ungläubig.

»Das ist eines der vielen Wunder, die der Große Kampf bereithält. Du kannst es den ganzen Tag über entdecken – immer wieder aufs Neue.«

»Wie?«

»Recht einfach: Du atmest die Lügenbilder in die Mitte deines Herzens. Dorthin, wo der letzte Tropfen deines Traumes verborgen ist. Ich atme meine schlagende Mutter, die böse schaut, direkt in meine Herzensmitte hinein.«

»Und dann?«

»Wenn das Bild ganz innen ist, stelle ich mir das Leuchten in ihren Augen vor. Dieses veränderte Bild atme ich wieder aus.«

Yofi war anzumerken, dass er heftig nachdachte.

Mit Antros gelingt das nie!

»Bist du bereit, es zu versuchen?«, fragte Meru.

Der Enkel war nur mäßig überzeugt. Trotzdem nickte er.

»Stell dir vor, Antros ist grimmig.«

Damit hatte Yofi wahrlich keine Mühe.

»Atme das Bild in dein Herz.«

Er atmete.

»Jetzt atme ein Bild aus, auf dem deinem Feind anzusehen ist, dass er seinen Traum wahr gemacht hat.«

Yofi sah Antros beim Abstieg vom Hohen Berg und ließ die Luft ausströmen. Nach ein paar Atemzügen wurde es warm in seiner Brust.

»Das kannst du üben, wann immer du möchtest«, sagte Meru.

»Heißt das, ich kann lernen, *nie* mehr wütend zu sein?«

»Nein, das wäre unsinnig. Wut ist sehr kostbar! Mit ihrer Hilfe kannst du dich schützen. Manchmal ist sie auch notwendig, um Hindernisse beiseite zu räumen, die den eigenen Weg versperren.«

»Und der ganze Rummel mit den Bildern und dem Schnaufen?«

»Der heilsame Atem dient uns, damit wir beeinflussen können, wie lange wir zornig bleiben.«

Der Fluss war breiter geworden. Immer öfter strömte ein Bach oder ein Flüsschen hinzu; die andere Uferseite war nur noch verschwommen zu sehen. Yofi übte wieder und wieder, was Meru ihm beigebracht hatte.

»Weshalb fühle ich mich derart wohl, wenn ich so atme?«

»Wenn die Augen deines Gegners vor Freude leuchten, dann wirst du von ihm bestimmt angelächelt. Das tut jedem gut.«

»Und die Traumschlürfer?«

»Sie verschwinden.«

»Ach – einfach so?«

Yofi war erneut verblüfft.

»Damit sie ein Bild fälschen können«, holte Meru aus, »müssen sie hineinkriechen. Folglich atmest du auch sie in die Herzensmitte.«

Yofi erschrak.

»Aber genau dahinein wollen sie! Ich muss sie doch loswerden!«

»Keine Sorge, das wirst du auch«, beruhigte ihn Meru. »In der Mitte des Herzens ist es für sie zu heiß – und zu hell. Sie lösen sich auf, als würden sie in der Sonne verglühen. Empfindest du noch Groll?«

»Er ist weniger geworden … An den fröhlichen Antros muss ich mich allerdings noch gewöhnen.«

»Wenn du keine alte Wut mehr spürst, dann hast du ihm vergeben«, sagte Meru.

Zuerst glaubte Yofi, sich verhört zu haben.

»Ich habe *was*?«

»Wenn dir im Herzen nichts mehr wehtut, hast du ihm verziehen.«

Yofi hatte das Gefühl, als wäre er gegen einen Baum gerannt. Alles, was er in letzter Zeit gelernt hatte, war wie weggeblasen. Mit einem Mal brach der alte Groll wieder hervor.

»Das werde ich nie tun. Ich vergebe keinem Verräter!«

»Aua«, sagte Meru.

»Wieso aua?«

»Gerade hat dein Herz laut aua geschrien.«

»Um wen geht es jetzt: um Antros oder um mich?«

»Um *dich*«, antwortete Meru ruhig. »Ich hätte es genauer ausdrücken sollen: Wenn du keinen Groll mehr hegst, dann hast du *dir* verziehen.«

Nun geriet der Enkel in Rage. Am liebsten wäre er auf den Großvater losgestürmt.

»MIR? Es gibt nichts, was ich *mir* verzeihen muss!«

»Du *musst* nicht. Aber du könntest. Antros hat dich *ein* Mal attackiert. Du hingegen hast dich inzwischen mit deiner Fantasie unzählige Male selbst verletzt.«

»Pah!«

Zornig polterte Yofi am Ufer entlang.

Er hat mich reingelegt! Von Verzeihen war nie die Rede!

»NEIN!«, dröhnte er am Abend in die Stille. »Ich werde Antros nie mehr vertrauen!«

»Wer verlangt das?«, fragte Meru.

»DU! Mit deinem Gefasel vom Verzeihen.«

Der Großvater berührte ihn sanft mit dem Kopf.

»Verzeihen ist leider in Verruf geraten. Du musst nicht gut finden, was Antros getan hat.«

»Und er fühlt sich weiter im Recht?«, brauste der Enkel auf. »Das nächste Mal darf er mich dann wieder angreifen. Am besten, ich ergebe mich, sobald ich ihn rieche. Dann muss er sich gar nicht erst anstrengen ...«

»HÖRST DU ÜBERHAUPT ZU?«

Yofi schreckte zusammen. Es war das erste Mal, dass der Großvater laut geworden war.

»Du musst *niemals* zulassen, dass dich jemand verletzt. Du musst auch nie wieder mit Antros reden. Du darfst sogar sein Feind bleiben. Wenn du willst: lebenslang.«

»Ich dachte, ich soll ihm vergeben ...?«

»Verzeihen heißt: aufhören, sein eigenes Herz zu verletzen. Mehr nicht.«

»Aber ...«

»Kein aber! Dein Atem kann *dich* heilen. Antros muss

davon überhaupt nichts erfahren. Solange du aber auf Tobsucht und Jähzorn beharrst, solange freuen sich die Traumschlürfer.«

Merus Augen funkelten in der Dunkelheit.

Yofi machte fast die ganze Nacht kein Auge zu. Am nächsten Morgen platzte er sofort nach der Besinnung heraus: »Antros hat mich aber gar nicht gebeten, ihm zu verzeihen. Entschuldigt hat er sich auch nicht.«

»Na und? Ich dachte, du vertraust ihm nicht mehr.«

»Was hat das damit zu tun?«

»Wie es aussieht, machst du dich von ihm abhängig. Riskant bei einem Tier, dem du misstraust …«

Yofis Wut flammte erneut auf. Er stürmte zu einem Baum, der am Ufer stand, und scheuerte sich daran.

»Das ist der größte Schwachsinn, den ich je gehört habe!«

»Dann hast du großes Glück und verwöhnte Ohren. Wenn du erst damit aufhörst, dich selbst zu verletzen, wenn Antros dich vorher um Verzeihung bittet, verleihst du ihm äußerst viel Macht. Entscheidend sollte aber nur sein, wie sehr du dich magst.«

»Wie sehr ich *mich* mag?«

»Wer Groll immer wieder belebt, behandelt sich wie einen Feind. Um den Großen Kampf bestehen zu können, muss man sich gut Freund sein!«

In der kommenden Nacht war es Meru, der kaum schlafen konnte. Gedankenversunken blickte er lange in den beinahe vollen Mond.

Es ist so weit … Ich habe nicht gewusst, dass es so schwer ist.

SIEBEN

Am nächsten Morgen ließ sich der Großvater mehr Zeit mit dem Ritual als sonst. Er schien müde. Wieder schimmerte seine Haut.

Wir hätten längst aufbrechen können, dachte Yofi.

Beim Fressen bemerkte er Merus Gesichtsausdruck.

»Was ist mit dir?«

»Heute ist unser letzter gemeinsamer Tag.«

Yofi schluckte.

»Bist du … bist du sauer auf mich?«

Meru schaute ihn liebevoll an.

»Nein. Du bist zwar stur, aber das hast du von deinem Großvater. Unsere Reise endet am Abend.«

»Erreichen wir heute das Meer?«

»Es ist ganz in der Nähe. Du kannst es nicht verfehlen. Wenn du nicht bummelst, bist du bei Vollmond dort.«

»Du … du kommst nicht mit?«

»Nein.«

Meru atmete tief ein. Wie immer, wenn er etwas Wichtiges sagen wollte.

»Ich habe dir alles gegeben, was ich dir geben konnte. Morgen früh werde ich mich von dir verabschieden. Nahe der Stelle, an der ich den alten Sasa das letzte Mal gesehen habe.«

Yofi spürte Tränen aufsteigen. In diesem Moment fühlte er zum ersten Mal so richtig, wie sehr ihm sein kauziger Großvater ans Herz gewachsen war.

»Bin ich jetzt etwa geheilt?«

Meru lachte.

»Nein. Aber du kennst jetzt einen Weg, um dem Leben deine Heilung zu erleichtern.«

»Aber ich habe noch so viele Fragen … Außerdem habe ich Antros noch nicht vergeben.«

»Dazu wirst du ausreichend Zeit haben. Du weißt jetzt alles, was du wissen musst.«

»Und wenn ich etwas vergesse?«

»Du wirst sogar das meiste vergessen. Aber im richtigen Augenblick wird es dir wieder einfallen.«

Sie stapften los.

»Komm doch mit«, sagte Yofi. »Dann kannst du mir alles zeigen.«

»Das geht leider nicht. Auf mich wartet eine neue Aufgabe. Wahrscheinlich die letzte mit zwei Hörnern im Gesicht«, antwortete Meru.

Yofi ahnte, wovon er sprach.

»Wohin gehst du?«

»Kennst du den Sumpf am Hohen Berg?«

Der Sumpf, natürlich. Jetzt verstehe ich.

»Du läufst den ganzen Weg zurück?«

»Ich nehme eine Abkürzung«, grinste Meru.

»Wirst du sterben?«, fragte Yofi nach dem Mittagsschlaf leise.

»Ja, das werde ich.«

Der Enkel wimmerte. Meru berührte ihn zärtlich.

Er sagte: »Auch meine Mutter hat sich zum Sterben in den Sumpf zurückgezogen. Großvater Sasa ebenfalls. Genau wie sein Vater und sein Großvater. Mira wird kommen, wenn es Zeit dafür ist – deine Mutter bestimmt auch. Ich werde mich also in guter Gesellschaft befinden.«

Sie spazierten am Ufer entlang.

»Woher wusstest du eigentlich, *wann* du mich am Hohen Berg abholen musst?«, fragte Yofi auf einmal.

»Es hat mir geträumt. Genau wie mir als Kind von meinem Großvater geträumt hat.«

»Werde ich meinen Enkel auch einmal begleiten?«

»Das weiß ich nicht. Aber wenn du jemals mit ihm wanderst, dann zeige ihm auch das, was dir das Leben bis dahin noch offenbaren wird. Vielleicht kommst du mit der Zeit einigen meiner Irrtümer auf die Schliche – gib sie einfach nicht weiter. Ich bin überzeugt, du wirst ein wunderbarer Großvater sein, wenn es so weit ist.«

Die Sonne ging unter. Yofi hätte sie am liebsten aufgehalten. Die Nacht brach an. Die beiden Tiere lagen nebeneinander, ihre Hörner schimmerten im Mondlicht.

»Hast du Angst vor dem Tod?«, flüsterte Yofi.

»Eher vor dem Sterben. Ich habe darin ja keine Erfahrung.«

Yofi blickte den Großvater traurig an.

»Was genau muss man denn tun, wenn man stirbt?«

Meru seufzte.

»Ich weiß es nicht. Aber mich tröstet, dass es bislang jedem gelungen ist. Insgeheim hoffe ich, dass ich gestorben werde.«

Sie schwiegen eine Weile. Dann sagte Meru:

»Auf den Tod bin ich in letzter Zeit richtig neugierig geworden.«

»*Neugierig?*«

»Für ein Nashorn in deinem Alter hört sich das wahrscheinlich seltsam an. Es ist so: Niemand weiß, was geschieht, wenn wir tot sind. Ich bin gespannt, ob ich es herausfinde. Vielleicht erwartet uns ja die größte Überraschung, die das Leben bereithält ... Und bestimmt will ich mir damit auch ein bisschen Mut machen ...«

Meru atmete laut aus.

»Eines ist jedenfalls sicher: Solange du dich an mich erinnerst, bin ich noch ein bisschen da. Wenn du magst, kannst du deinem Enkel von mir erzählen. So, wie ich dir von Großvater Sasa erzählt habe. Und wenn das Leben es fügt, dann wirst du ebenfalls zu uns in den Sumpf kommen.«

Yofi schluchzte.

»Ich will, dass du bei mir bleibst.«

Meru koste ihn liebevoll mit dem Gesicht, bis beiden die Augen zufielen.

Am nächsten Morgen ließen sich die Nashörner ein letztes Mal nebeneinander von der Sonne anstrahlen. Die Kröten quakten laut wie immer.

Meru sagte feierlich: »Ich danke dir, dass ich dich begleiten durfte. Und ich bin froh, dein Großvater zu sein.«

Er schaute den Enkel lange an und lächelte. Beiden liefen Tränen aus den Augen.

»Danke … danke für alles«, sagte Yofi leise.

»Leb wohl. Und richte dem Meer einen Gruß von mir aus.«

Das alte Nashorn drehte sich um und ging davon. Yofi

blieb noch lange stehen und weinte. Immer wieder sah er zu der Biegung, hinter der Meru verschwunden war.

Ich wollte noch so viel fragen. Und bitten, alle von mir zu grüßen.

Gegen Mittag brach Yofi auf.

Ich weiß nicht einmal, ob der Großvater die ganze Zeit am Meer gelebt hat.

Am Abend lag Salz in der Luft.

Oliver Bantle wurde 1962 in Südbaden geboren und lebt in Freiburg im Breisgau. Er arbeitet seit zwanzig Jahren als Journalist und war zehn Jahre bei der *Süddeutschen Zeitung*, zuletzt als Redaktionsleiter Politik der Onlineausgabe. 1985 publizierte er das Kinderbuch *Der kleine Halbmond*.

Rasha El Sawiy wurde 1981 in Hamburg geboren. Sie studierte an der Animation School in Hamburg und arbeitete an verschiedenen Filmproduktionen mit, u. a. *Der kleine Eisbär 2*, *Snowwhite* und *Die drei Räuber*.